Je suis Tzigane et je le reste

ANINA

Propos recueillis et texte élaboré
par Fréderic Veille

City

Photo de couverture : Charly Triballeau

ISBN : 978-2-8246-0273-8
Code Hachette : 51 0946 7

Rayon : Témoignage
Collection dirigée par Christian English & Frédéric Thibaud
Catalogue et manuscrits : www.city-editions.com

Dépôt légal : premier trimestre 2013

Imprimé en France par France Quercy - Mercuès - N° 30304/

A Nicolae et Constanta,
mes parents.

Préface

Bucarest, Février 2013

Nous étions en décembre 2012, en pleine ère de la mondialisation et de la modernisation, à l'heure où la communication passe par le biais des médias et réseaux sociaux, lorsque j'ai reçu le courrier électronique d'une jeune femme dont le nom m'était familier. La jeune étudiante de la plus prestigieuse université parisienne : la Sorbonne, me priait de rédiger la préface du livre qu'elle était en train d'écrire et qui paraîtrai prochainement, en France, sous le titre « Je suis Tzigane et je le reste ».

Cette jeune femme était Anina, première étudiante d'appartenance à l'ethnie Rom admise à cette université de renommée mondiale et séculaire. Peu de temps avant cette demande, nous avions partagé les pages d'une même revue à grand tirage roumaine, dont l'édition était spécialement consacrée aux parcours de succès de certaines personnes et célébrités d'origine rom. Son histoire avait été, à la même époque, relayée par nombre de médias de la presse écrite et télévisée en Roumanie. Parcours admirable pour lequel je l'avais moi-même contacté afin de la récompenser lors de la Cérémonie « Gala d'excellence des roms » organisée, à Bucarest le 18 décembre 2012. Cérémonie à laquelle, elle fut malheureusement, dans l'impossibilité de participer, devant passer des examens universitaires le même jour.

L'histoire d'Anina me rappelle ma propre histoire, de la fuite du temps du régime communiste qu'a connu notre pays quelques années auparavant, à la persévérance démesurée pour surmonter ma situation précaire et réussir dans la vie.

Je suis heureux qu'Anina ait trouvé en elle le courage et la force de mettre par écrit les expériences, les événements, aussi bien douloureux et traumatisants qu'heureux qui l'ont amenée à cette étape de sa vie. Je mesure combien cela a dû être difficile pour cette jeune femme, mais sa volonté de mener à bien une lutte contre les préjugés dont elle a souffert personnellement et dont souffre malheureusement depuis des siècles notre communauté a eu raison de sa pudeur. Et c'est sans nul doute, grâce au dépassement d'elle-même qu'elle parviendra, j'en suis certain, à mener à bon terme son projet. Ambition que je soutiens avec la plus grande ferveur, étant donnée la mission d'intégration de la communauté rom dans la société roumaine qui est la mienne depuis plusieurs années, d'abord en tant qu'ambassadeur européen de la minorité rom en 2007 et 2008, puis en tant que conseiller d'Etat dédié au problème rom et que je continuerai à soutenir au cours de mon mandat de sénateur. La lutte contre les préjugés est devenue mon sacerdoce. Et l'exemple que représente Anina sert amplement cette noble cause. C'est pourquoi d'ailleurs, j'ai accepté avec plaisir de préfacer son livre.

J'espère de tout cœur que le message que délivre son témoignage touchera le grand nombre de jeunes possible, d'origine Rom et gadje, qu'il représentera pour ses lecteurs un modèle à suivre, un exemple démontrant que par le travail, la persévérance et la confiance, on peut se créer son propre chemin et façonner sa propre vie.

Je suis intimement convaincu, que de la même façon dont j'ai moi-même représenté un modèle pour Anina, à travers son expérience et son succès, transcrits dans cet ouvrage, elle deviendra aussi une inspiration pour le jeunes roms d'aujourd'hui, et des générations futures.

Damian Draghici
Conseiller d'Etat en charge la question
des Roms auprès du premier ministre roumain

Avant-propos

Au cœur de l'été 2012, les évacuations de campements regroupant les Roms ont fait la une de l'actualité en France. Manuel Valls, le ministre de l'Intérieur nommé quelques mois plus tôt au sein du gouvernement socialiste de Jean-Marc Ayrault, réaffirmait pour l'occasion sur toutes les ondes et devant chaque caméra sa volonté de « démanteler les campements quand il y a une décision de justice ». Cela venait justement d'être le cas à Villeneuve-le-Roi, dans le Val-de-Marne, où une centaine d'adultes et d'enfants installés depuis le printemps venaient d'être chassés par les CRS et les bulldozers.

Pareille mesure avait été prise à Evry, dans l'Essonne, ville dont le ministre était maire avant d'entrer au gouvernement. A Villeneuve-le-Roi comme à Evry, à Marseille comme à Créteil, dans le Nord ou en région lyonnaise, les procédures judiciaires se multipliaient.

Et, chaque fois, les autorités invoquaient des raisons strictement sécuritaires, des conditions d'insalubrité inacceptables. « Il faut trouver des solutions en matière de logement et d'insertion, mais il faut aussi et d'abord reconduire à la frontière ceux qui sont en situation irrégulière », avait alors ajouté Manuel Valls.

Dans cette actualité qui ne parlait que d'évacuation de camps, de misère, d'expulsion, dans cette période où, sur certains blogs, quelques-uns s'en sont donné à cœur joie pour de nouveau cracher leur venin sur les Roms, une douce voix est venue retentir sur les ondes de RTL.

Celle d'Anina, une jeune femme rom âgée de 22 ans, habitante de Bourg-en-Bresse dans l'Ain. Avec son petit accent, elle expliquait en ce matin du 23 août 2012 qu'elle avait connu les squats, les campements, les chambres miteuses à son arrivée en France à l'âge de sept ans. Puis elle expliquait qu'elle avait dormi dans un camion, qu'elle n'avait pas toujours mangé à sa faim, qu'elle avait fait la manche, que cela avait été humiliant pour elle.

Mais le reportage de Frédéric Perruche nous disait aussi qu'elle avait appris le français en quelques mois, qu'elle avait eu son bac S avec mention, qu'elle venait brillamment d'obtenir sa licence en droit. Et que, surtout, elle allait intégrer quelques jours plus tard la célèbre université de la Sorbonne à Paris.

« Quand on a traversé ce que j'ai traversé, c'est qu'on a la rage de réussir, disait-elle. C'est le seul moyen de prendre une revanche sur la vie Les Roms ne sont pas seulement des personnes qui font la manche ou qui sont là, à traîner un peu partout. C'est une communauté qui a une culture, une histoire et qu'il faut essayer de connaître. Il ne faut pas en avoir peur, il faut juste essayer de nous comprendre et de nous donner une chance. »

En entendant ces propos ce matin-là, j'ai voulu en savoir plus sur cette jeune femme qui osait parler, sur cette jeune diplômée qui se destine à être juge, sur ce parcours unique amenant une jeune fille des camps roms jusqu'à la Sorbonne.

Quelques jours plus tard, j'étais chez elle, à Bourg-en-Bresse. Et elle a commencé à me raconter son histoire. La jeune femme timide au début des entretiens a vite cédé la place à une enfant qui me racontait ses souvenirs d'un autre monde, d'une autre époque.

Je n'en croyais pas mes oreilles. Chaque récit, chaque souvenir enfoui au plus profond de sa mémoire ressurgissaient dans un torrent de paroles, d'images cruelles, immondes, horribles.

Mais, plus les heures passaient, plus ses phrases étaient douces, joyeuses, pleines d'espoir avec toujours cette petite pointe de nostalgie.

L'enfant était redevenue adulte, mais elle n'avait pas oublié d'où elle venait ni où elle voulait aller.

Pendant une semaine, je suis resté auprès de cette jeune femme qui, chaque jour, se dévoilait un peu plus et voyait cette échéance « Sorbonne », ce voyage à Paris, loin de ses parents, arriver très vite, trop vite.

Car elle redoutait ce moment où elle devrait quitter le cocon familial. C'était la première fois dans sa jeune existence qu'elle allait se retrouver loin des siens et voler de ses propres ailes, pour son bien et pour le bonheur de toute sa famille.

Jamais je n'ai vu des parents aussi fiers de leur fille. Jamais je n'ai vu des parents se sacrifier autant pour leur enfant.

Au petit matin du lundi 17 septembre 2012, Anina est entrée à la Sorbonne en pensant à ses parents, à son incroyable parcours.

Ce jour-là, dans l'actualité, personne n'a parlé d'évacuation de camps de Roms.

Frédéric Veille

I

Je ne remercierai jamais assez mes parents de m'avoir permis d'être ce que je suis aujourd'hui et ce que j'aspire à devenir. Je sais, c'est peut-être un peu banal de dire cela ou de l'écrire, mais je le pense vraiment. En fait, je l'ai toujours pensé, et ce, depuis ma plus petite enfance ; une enfance aux souvenirs déjà si lointains, mais à jamais ancrés dans ma mémoire.

Alors, quand je vois mon père et ma mère, quand je les regarde et que sur leur visage s'affiche ce sourire éternel et communicatif malgré les épreuves qu'ils ont subies, je me dis que le jour où moi aussi, j'aurai des enfants, j'espère avoir le même courage, la même pugnacité, la même force de transmission pour chérir et aimer, pour épauler et soutenir.

Car, depuis ma naissance, ils n'ont pas cessé un instant de vouloir le meilleur pour leurs enfants. Au fil des années, ils ont tout mis en œuvre pour que ma vie (et celle de mes trois sœurs) soit la meilleure possible, au prix de sacrifices souvent démesurés. Ils l'ont fait au péril de leur vie et de leur santé, désormais si fragile.

Mais, à bien y réfléchir, il paraît que c'est dans mes racines, dans les gènes de mon peuple, que de vouloir le meilleur pour son prochain. Il paraît que la plus belle des récompenses pour une mère et un père, c'est de voir que leur enfant est devenu quelqu'un et qu'il s'est battu pour cela.

Tout au long de ma jeune existence, mes parents n'ont voulu que cela. Et, aujourd'hui encore, ils n'aspirent qu'à cela. Toute leur vie, ils ont affronté des montagnes, ils se sont retrouvés face à des murs, des portes closes. Souvent aussi, ils ont pris ces portes en pleine figure, ne sont pas parvenus à franchir ces murs ni à gravir ces montagnes. Mais ils n'ont jamais renoncé, pour nous, pour eux.

Ma vie, comme celle de mes parents et de mes sœurs, n'a pas toujours été facile, et je sais parfaitement que mon avenir et celui de mes proches ne s'annoncent pas non plus sans nuages.

C'est notre destin ; nous y sommes préparés depuis notre naissance. Certains naissent avec une cuillère en argent dans la bouche et n'ont qu'à demander pour obtenir : ce ne fut pas mon cas.

Ma vie et celle de mes racines furent, sont et resteront un éternel combat contre l'injustice et les préjugés : je suis rom, rom de Roumanie.

Je suis rom, et aujourd'hui je suis fière de l'être et de le dire. Mais cela n'a pas toujours été le cas.

Et si aujourd'hui je vis en France, pays des droits de l'homme, mon combat – mon sacerdoce –, comme celui de mes proches, est quotidien, pour gommer notre soi-disant différence avec les autres et pour que ce texte rédigé en 1789 par les Représentants du Peuple français soit respecté à notre égard.

L'article premier le stipule bien : *« Les hommes naissent et demeurent libres et égaux en droits... »* Mais la phrase que j'ai toujours aimée et défendue depuis que je suis enfant est celle de l'article XI qui explique que *« la libre communication des pensées et des opinions est un des droits les plus précieux de l'Homme : tout Citoyen peut donc parler, écrire, imprimer librement... »*

C'est ce que j'ai toujours voulu : avoir le droit de faire les choses librement, sans contrainte. Mais, dans mon parcours, dans la vie de mes proches, je me suis rapidement aperçue que tout cela n'était que belles paroles !

Depuis près de quinze ans, je vis en France, pays d'Europe, pays sans frontières. Mais ça aussi, c'est uniquement sur le papier. Car chaque jour, je dois prouver que ma place et celle des miens sont ici, dans la patrie de Voltaire, que, depuis toutes ces années, nous sommes maintenant ici chez nous.

J'ai récemment lu quelque part que les Roms, qui de tout temps ont été chassés, étaient un peuple d'autoroutes. Alors, si c'est cela, je peux aisément dire qu'aujourd'hui mes parents ont, je l'espère, franchi le dernier péage !

De tout mon cœur, j'espère surtout qu'ils ne referont pas le chemin en sens inverse et qu'ils pourront à jamais poser définitivement leurs valises dans ce semblant d'eldorado, atteint au terme d'un parcours semé d'embûches. Pour eux, pour le peuple rom souvent méconnu, mais tellement décrié, j'ai donc voulu raconter mon histoire pour que tout le monde comprenne que, dans nos yeux, il y a de l'amour et de l'espoir, que nous ne voulons pas être rejetés ou plaints, mais simplement compris.

Je m'appelle Anina, j'ai 22 ans, mon pays, c'est la France, mais mes racines sont à plus de 2000 kilomètres de Paris. C'est à Craiova que je suis née, dans le froid roumain du mois de janvier 1990.

En cet hiver glacial, mon pays était certainement en train de vivre la plus grande révolution de son histoire. En effet, quelques semaines plus tôt, le soulèvement du peuple roumain, excédé par tant d'injustices et de misère, opprimé par des années de dictature, avait conduit à la chute de l'ancien régime communiste et à l'exécution des époux Elena et Nicolae Ceausescu. Arrivé au pouvoir en 1965, le Conducator avait été le dernier, à « l'est » de l'Europe, à brandir la bannière du dogme, à vouloir pratiquer un nationalisme de façade qui n'a fait que renforcer son caractère xénophobe.

Pour les Roumains, la vie n'était pas facile à cette époque. Mais pour le peuple rom ou « Romani Cel » (d'où leur nom de romanichel), ce fut certainement la pire période de son existence, lui qui était arrivé d'Inde vers l'an 800 et s'était établi sur ce qui est devenu la Roumanie. Sous le régime du dictateur, notre peuple a sans cesse été bafoué, violenté et obligé de se plier aux volontés politiques. Le pouvoir en place a tout fait pour que mes ancêtres quittent les métiers traditionnels qui étaient les leurs depuis des siècles, des métiers aussi divers que forgeron, chaudronnier, vannier, briquetier, menuisier... D'autres, et ce, depuis la nuit des temps, étaient plus orientés vers l'artistique et se produisaient comme musiciens, danseurs folkloriques, dresseurs de serpents ou d'ours. Les femmes étaient pour la plupart cartomanciennes, voyantes ou blanchisseuses et s'occupaient des enfants. Mais le régime communiste roumain, cette République prétendument populaire, a forcé ces femmes et ces hommes à travailler dans les fermes d'Etat, comme de véritables esclaves. Je pèse mes mots quand je dis « esclaves ».

Dans cette politique répressive instaurée dans mon pays, Ceausescu avait aussi prôné la sédentarisation forcée en logeant les Roms dans de vieilles maisons, faites de bric et de broc et construites en périphérie des villes.

C'est dans un de ces quartiers, situé dans la proche banlieue Ouest de Craiova, que vivait ma famille. Je n'ai évidemment que de maigres souvenirs des lieux tels qu'ils étaient à l'époque, mais je me souviens très bien que nous étions tous réunis dans la maison de Boana, mon grand-père paternel.

Ma grand-mère s'appelait Cijmarita. Dans cette petite bâtisse, que mon grand-père avait construite lui-même, vivaient aussi mes parents, ma grande sœur Anita, Maria ma petite sœur, mon oncle Gari avec sa femme Carmena, et leurs enfants, Tibi, les jumelles Nori et Meri, et le petit dernier, Boana.

Mon oncle Vasile, l'aîné des fils, habitait dans une extension accolée à la maison de mon grand-père avec sa femme Ministra, leurs filles Ancuta, Citadela, Pamela et leur fils Tibi. Et nous étions toujours ensemble.

Tous les Roms vivent ainsi, en famille, soudés, unis. C'est une tradition.

Dans nos logements, il y a souvent une pièce centrale, où les enfants, puis les parents, prennent leur repas quand il y a quelque chose à manger. Puis, autour de cette pièce, on trouve plusieurs petites chambres, où dorment les fratries.

Traditionnellement, les fils de la famille restent au domicile et aident les parents aussi bien financièrement que dans les tâches quotidiennes, alors que les filles partent habiter chez leur mari, dans une autre maison qui n'est jamais très loin.

C'est ainsi que se constituent les quartiers roms, où tout le monde se connaît, où dans chaque logement se trouve un cousin, une tante, un demi-frère…

Toutes les études et autres observations faites par les rares organisations à s'intéresser à notre peuple relèvent souvent que, dans ces quartiers où nous sommes tolérés, le premier sujet d'inquiétude, avec l'insalubrité, est le surpeuplement.

En effet, certaines familles doivent, parce qu'elles n'ont pas le choix, vivre entassées à quinze ou vingt dans une ou deux pièces. Evidemment, la cohabitation est souvent difficile, l'intimité n'existe pas, et, malheureusement, la promiscuité pousse aux mariages consanguins dans certaines familles. Nous n'avons, par bonheur, pas vécu cela.

Mais pour ce qui est de l'insalubrité, en revanche, nous étions servis ! Comme les autres familles du quartier Fata Luncii où nous habitions. C'était un regroupement de petites habitations faites de ciment, de briques, une succession de bâtiments de bois, de tôles, de divers matériaux de récupération. Toutes ces maisons s'alignaient plus ou moins bien dans le paysage, se succédant tout au long de la rue Hanul Rosu, une rue en pierre, pleine de trous et difficilement praticable en voiture, surtout en hiver.

L'été, c'était la poussière qui nous envahissait, la poussière et les odeurs du grand champ voisin qui servait à entreposer tous les déchets de la ville. Là, il y avait comme une fumée, un semblant de brouillard planant en permanence sur cette décharge qui servait de terrain de jeux à certains enfants du quartier.

Mais cette décharge à ciel ouvert était surtout source de trouvailles pour les plus démunis d'entre nous. Beaucoup y passaient leur journée à scruter les tas d'immondices, à fouiller, à déterrer, afin de trouver quelque chose qui pourrait être utile.

C'était le quartier de mon enfance, où je suis née, où j'ai vécu. Là se trouvait donc notre maison de famille ; une maison au sol en terre battue, un abri sans eau courante, sans sanitaires, sans assainissement, à l'électricité précaire, plus ou moins bricolée par les hommes.

Dans ce quartier où vivent toujours les Roms de Craiova, pas un toit n'est étanche. Partout, les tuiles et les tôles sont abîmées et laissent passer la pluie, la neige, le vent. Les murs des maisons ne sont pas non plus aux normes en termes d'isolation.

Autrement dit, nous éprouvions les morsures des saisons : la pluie à l'automne, la chaleur suffocante l'été, mais surtout le froid glacial avec un thermomètre descendant largement en dessous de zéro l'hiver causaient des dégâts sur notre santé.

On ne vit pas vieux dans un camp rom. Les études montrent qu'aujourd'hui encore, l'espérance de vie est de dix à quinze ans moins élevée qu'ailleurs ! Au siècle dernier, à Fata Lucii, comme dans tous les campements d'Europe centrale et de l'Est, ce devait être encore bien pire.

Mes grands-parents, qui étaient à l'époque parmi les « plus riches » de la rue, disposaient d'une maison ayant pour seul confort une cheminée et de grands tapis posés à même la terre battue. Mais chez eux non plus, il n'y avait pas d'eau. L'eau, ma mère allait la chercher à des centaines de mètres de là, près de la civilisation qui faisait tout pour ne pas nous en donner une goutte.

Et, malgré mon jeune âge à l'époque, je me souviens encore de ma maman et d'une de mes tantes revenant de la ville, frigorifiées, portant des blocs de glace qu'elles faisaient ensuite fondre dans de grands chaudrons noirs posés sur un feu de bois. Ensuite, nous pouvions nous laver dans des bassines très larges. Pour ce qui est du linge, ma mère allait le laver dans une rivière qui se trouvait à la sortie du quartier. Souvent aussi, elle utilisait le grand abreuvoir de pierre qui était dans le jardin de mon grand-père. Et non, là-bas, à cette époque, il n'y avait pas de robinet, pas de puits, pas de source naturelle.

Le pire, c'est que ce constat est toujours de rigueur en 2012. Rien n'a changé en Roumanie. Les Roms sont toujours cantonnés dans les périphéries les moins visibles des villes, dans les secteurs les plus éloignés, mais surtout dans les zones inondables, près de décharges ou sur les terres les plus stériles où rien ne pousse. Et comme une infime partie des Roms est propriétaire du terrain sur lequel ils ont improvisé leur habitation, que les villes et les communes ont toujours plus ou moins toléré notre présence, aucun effort, aucun projet d'aménagement ou d'amélioration n'est envisagé.

Dans ce contexte, il est aujourd'hui utopique de dire qu'un jour les pouvoirs publics roumains prendront la décision de faire installer l'électricité ou un quelconque assainissement.

Je n'ai pourtant que des bons souvenirs de ce quartier où, gamine, je passais des journées entières à jouer à la marelle, comme tous les enfants du monde. Mais notre jeu favori consistait à faire des petits tas de tuiles et à les casser en lançant dessus des chaussettes lestées de cailloux. Ça faisait du bruit et c'était drôle ! Nous jouions aussi souvent à la corde à sauter et organisions même de vraies compétitions entre filles. Parfois, ma mère et ma tante Carmena venaient jouer avec nous à la marelle ou au jeu avec les tuiles. Elles étaient jeunes à l'époque et, même si la dureté de la vie les avait fait mûrir avant l'âge, elles retrouvaient dans ces brefs instants d'insouciance leur spontanéité et leur joie de vivre aux côtés des enfants.

C'est avec mon cousin Tibi, le fils de Vasile, que je jouais le plus souvent. Nous étions très proches et passions toutes nos journées ensemble. Dans la rue, mais aussi dans le bois situé derrière chez nous, nous jouions à courir, à sauter, à rire avec Vali, un autre cousin dont les parents habitaient aussi juste à côté. Un peu plus âgés que moi, Tibi et Vali étaient un peu mes protecteurs. Nous étions très soudés et très proches. Comme mes parents n'avaient eu que des filles, je considérais mes cousins presque comme des frères.

D'après ma maman, j'étais cependant plus posée que les autres et une petite fille très sage. En effet, on me raconte souvent que je restais le plus clair de mon temps à jouer seule avec la poupée que je partageais avec ma grande sœur.

Ma poupée Marina, avec ses grands cheveux blonds, que maman m'avait rapportée de la ville. Quand j'étais petite, elle était presque aussi haute que moi ! J'aimais également beaucoup dessiner, faire des découpages et, très tôt, j'ai commencé à vouloir écrire, comme mon grand-père qui était très érudit.

J'en ai passé des heures dans cette maison quand j'étais petite ! Pendant que les hommes et les femmes étaient partis travailler, c'est ma grand-mère qui gardait les enfants. Je l'entends encore sortir dans la rue et nous appeler les uns après les autres par notre prénom pour nous dire de rentrer. Je la revois à la grande table, épluchant et coupant les légumes…

Le soir, après le repas, nous allions dans notre chambre. Il y en avait une par famille, celle de mes grands-parents, celle de Gari et celle de mes parents. Je me rappelle que, dans la nôtre, il y avait deux grands lits en bois avec un matelas à ressorts qui grinçait. C'est fou ces petits détails qui peuvent rester ancrés dans la mémoire d'un enfant…

Je me rappelle aussi que mon jeu favori avec Tibi était de sauter et faire des bonds sur ce matelas à ressorts, jusqu'à ce que l'on entende un bruit bizarre… Alors, papa nous disputait, mais il réparait toujours. Et nous recommencions !

C'était cela, ma vie d'enfant dans le quartier rom, dans la maison de grand-père Boana, qui chaque soir rentrait de son travail, toujours très bien habillé, et qui, après avoir dîné, s'installait dans son fauteuil et lisait son journal ou se plongeait dans un livre.

Mes grands-parents n'avaient pas toujours vécu à Fata Luncii. Ils venaient d'un plus petit village encore, à une cinquantaine de kilomètres de Craiova. Là-bas, mes aïeux fabriquaient des briques et les vendaient. Mais cette activité ne procurant pas de revenus suffisants, mon grand-père a décidé un beau jour de venir à la ville en se disant que, là, toute la famille trouverait du travail pour vivre un peu mieux. Ils sont donc arrivés à Craiova au début des années 1960 et ont construit la maison familiale, là où on a toléré qu'ils le fassent.

Très vite, ma grand-mère Cijmarita est allée vendre des vêtements au marché, des fripes qu'elle achetait à des grossistes. Mon grand-père Boana, qui avait la chance – oui, j'ai bien dit la chance – de ne pas ressembler à un Rom, avait pu faire un peu d'études dans sa jeunesse. Un privilège pour un Rom ! Il a donc rapidement pu trouver un emploi à la ville.

En arrivant dans ces lieux plus prospères, il s'est intégré et n'a pas trop souffert de la discrimination, tout le monde croyant en effet qu'il était roumain. Et, j'insiste, comme il s'habillait toujours très bien, il n'attirait pas l'attention et se fondait parfaitement dans la masse pour tenter de vivre normalement.

Sous le régime communiste, les Roms n'existaient pas officiellement. Dès le début des années 1960 et ensuite avec l'arrivée au pouvoir de Ceausescu, les Roms devinrent les victimes d'une politique d'homogénéisation ethnique. A cette époque, il était, par exemple, interdit aux Roms de parler leur langue.

Notre peuple étant, aux yeux du pouvoir, synonyme de pauvreté et de sous-développement, l'Etat faisait tout pour nous « roumaniser ». Et ceux qui ne se soumettaient pas, qui ne voulaient pas devenir esclaves dans les fermes d'Etat, étaient condamnés à la prison ou aux travaux forcés.

Sans être la cible de tous ces préjugés qui touchent notre peuple, mon grand-père a travaillé dur dès son arrivée à Craiova. Il vendait des fruits et légumes dans une épicerie. Comme il était cultivé, qu'il savait lire et écrire, qu'il présentait bien, au bout de quelques années, les responsables de l'enseigne lui ont confié la direction du magasin. Une vraie récompense pour ce briquetier de la campagne, pour ce Rom qui avait, en plein pouvoir Ceausescu, compris qu'il fallait redoubler de vigilance et cacher ses origines pour espérer réussir dans la vie.

Mais, au fond de lui, avec la bonté et la générosité qui le caractérisaient, il ne voulait pas oublier ses racines. Alors, il essayait d'aider un peu les autres Roms qui, à l'époque, étaient rationnés. Chaque jour, quand ils venaient dans son échoppe, il leur donnait un peu plus que la ration autorisée. Puis, voyant qu'il avait la confiance de ses supérieurs et que l'affaire était prospère, il a aussi fait travailler une partie de ma famille à la supérette. Tout le monde avait un salaire, tout le monde vivait bien. Mais un jour, le pot aux roses a été découvert ! Un jour, il a été dénoncé, et le magasin lui a aussitôt été confisqué. En quelques heures, il est passé du statut d'homme respecté à celui d'une bête que l'on chasse. Il avait tout perdu.

Boana, mon grand-père au grand cœur, est décédé quelque temps plus tard d'une crise cardiaque. Cette injustice, cette blessure l'avaient ruiné, aussi bien financièrement que moralement. Après la perte de son magasin, mon père m'a raconté qu'il n'avait plus goût à la vie, qu'il avait vieilli de vingt ans en une seule saison, qu'il avait l'impression que tout s'écroulait autour de lui. Tout ce pour quoi il s'était battu toutes ces années en dissimulant ses origines pour réussir et faire vivre sa famille dans de meilleures conditions avait été mis à mal par quelqu'un, une personne odieuse, délatrice et destructrice.

Je n'ai malheureusement que peu de souvenirs de mon grand-père paternel, mais je sais qu'une partie de lui est en moi. J'ai hérité de sa volonté de se battre pour une vie meilleure.

Dans le quartier, il y avait aussi mes grands-parents maternels, Ion et Veta. En effet, jeune fille, ma mère n'habitait pas très loin de là, à une centaine de mètres à peine, dans une autre maison tout aussi inconfortable. Et comme ma maman était une amie de la sœur de mon père, les deux jeunes ont vite fait connaissance, et mon père n'a pas tardé à adresser une demande en mariage en bonne et due forme !

Mes parents se sont tout de suite plu, et aucune des deux familles n'avait prémédité cela. Chez les Roms pourtant, les mariages sont souvent arrangés entre familles, et ce sont toujours de grands événements. Généralement, le physique de la promise a peu d'importance pour l'homme ou la famille qui décide.

Les jeunes femmes sont jugées sur leur mérite, sur leur force, sur l'endurance qu'elles ont à la tâche, sur leurs aptitudes à faire le ménage et la cuisine. On dit souvent que l'homme doit choisir avec les oreilles et non avec les yeux. L'arrivée d'une nouvelle femme dans un foyer est aussi et par association une extension de la famille. Selon le rituel, elle doit devenir un vrai membre productif de la communauté. Mais comme c'est une perte pour les parents qui voient partir leur fille, une dot est bien évidemment demandée : elle garantit la compensation financière et l'assurance qu'elle sera bien traitée.

Lors de la demande en mariage, le montant de la dot est souvent sujet de discussion, de tractations. Mais, au final, elle est toujours acceptée par le père de la future épouse qui symbolise ce moment en buvant un verre de vin. Ensuite a lieu une grande fête avec de la musique, des chants, des danses, le mariage n'étant célébré que quelques semaines plus tard et pouvant durer plusieurs jours.

Dans la plupart des cas, toute la communauté est là. C'est le *Chibalo*, l'homme le plus respecté du village, qui officie ce jour-là et qui explique aux mariés qu'ils doivent vieillir ensemble et être fidèles et leur souhaite d'avoir autant d'enfants qu'il y a d'étoiles dans le ciel.

Puis le *Chibalo* passe un foulard rouge autour des poignets des mariés et, une fois qu'ils sont reliés l'un à l'autre, il place du riz dans leur paume pour que la mariée mange dans la main de son mari et qu'ensuite son époux fasse de même. On allume alors un immense feu de camp, et le banquet peut débuter. Les tables sont couvertes de nappes blanches et de bougies, des rubans rouges sont attachés aux chaises, c'est la fête ! Et qui dit fête, dit abondance de nourriture et de pain.

Chez nous, dans notre quartier, nous avons une autre coutume. La journée de célébration débute de bonne heure chez la mariée, où toute sa famille se réunit : ses parents, ses frères et sœurs, ses oncles et tantes, ses cousins et cousines, ses amies…

Plus ils sont nombreux et mieux c'est : sa famille, c'est sa plus grande richesse. Plus sa famille est grande, soudée et respectable, et plus elle aussi sera respectée et appréciée dans sa belle-famille. Et, comme chez les Roms il ne peut y avoir de fête sans musique, des musiciens et des chanteurs sont conviés pour faire danser les invités.

Chez le jeune marié, il en est de même. Toute sa famille se réunit et attend le rituel : le moment où le marié se fait raser la barbe, symbole de son passage du statut de jeune homme à celui d'homme marié, d'homme mature.

Toute la famille et les proches du marié vont ensuite chez « les parrains du mariage », un couple généralement ami proche ou de la famille. Ce sont un peu les parents spirituels des mariés, et ils tiennent une place d'honneur durant la cérémonie. Tout ce cortège peut enfin, en musique, aller chercher la mariée chez ses parents.

Traditionnellement, ce sont les jeunes filles de la famille du marié qui portent la robe de mariée à bout de bras. Il est aussi de coutume et de façon symbolique qu'à l'arrivée du cortège, les frères, les cousins, les oncles et le père de la mariée barrent la route au mari qui vient leur « enlever » leur fille. Ils se montrent forts et refusent de donner leur fille si précieuse. Le mari insiste, il les prie, leur propose un verre de vin, et finalement ils acceptent ce nouveau membre dans leur famille.

A ce moment-là, il faut « habiller » la mariée avec la robe apportée par le mari, pendant que les musiciens interprètent des chansons tristes évoquant le départ de la fille de la famille. La maman et la jeune mariée pleurent, mais la fête bat son plein. Tout le monde se rend ensuite à l'église pour la cérémonie religieuse avant de revenir chez le mari (ou dans une salle louée pour les plus riches) pour le reste de la fête. La musique et la danse tiennent évidemment une place centrale dans ces rituels, et les jeunes filles en profitent pour montrer leurs talents de danseuses. Pour les mariages, la tradition est aussi de tuer le cochon et de le manger. Sur les tables, il y a également des poulets, du bœuf, du chou farci et des bouteilles de tzuika, l'alcool de prunes roumain, l'alcool qui réchauffe... Mais, contrairement aux idées reçues, on ne mange pas de hérisson !

Lorsqu'au bout de deux ou trois jours la fête est finie, le mari emmène sa femme chez lui ou dans sa famille. La mère de la jeune épouse défait alors les tresses de sa fille, et la belle-mère attache le *diklo* dans les cheveux de la jeune femme. Le *diklo* est un foulard, un morceau d'étoffe, un signe indiquant qu'elle est désormais une femme mariée. On ne la reverra jamais sans ce *diklo* en public.

Dans la tradition de mon peuple, tous les Roms doivent se marier. Et, dans ces mariages arrangés, les filles sont souvent très jeunes, dix, onze ou douze ans, les garçons n'étant guère plus âgés.

Lorsqu'ils se sont unis en 1984, mon père avait à peine 18 ans. Ma mère en avait 16.

Mon père, qui avait de qui tenir, avait obtenu à la fin de ses études un bac professionnel. Ma mère avait, quant à elle, suivi quelques cours au lycée, ce qui, à l'époque, était déjà formidable, car ses parents étaient beaucoup moins aisés et cultivés que mes grands-parents paternels.

Mon grand-père Ion était un ancien gardien de serre, et ma grand-mère Veta, qui s'est toujours occupée de ses deux filles et de son fils, a travaillé toute sa vie pour le service public de propreté de la ville : elle balayait les rues, du matin au soir.

J'aimais aller chez eux, me retrouver sur le banc de pierre dans le jardin, m'asseoir à côté de mon grand-père en train de fumer sa pipe. A mes yeux d'enfant, il me paraissait déjà très vieux ! A l'automne, je venais manger les prunes et le raisin de la vigne qu'il avait réussi à faire pousser chez lui.

Leur maison était plus calme que celle de Boana ; il y avait beaucoup moins de monde. J'aimais y aller pour embrasser mon papy, j'aimais sentir sa peau dure et ses grosses moustaches sur mes joues. Et puis ma grand-mère ne nous grondait jamais ! Comme mes parents travaillaient, ma mère m'y déposait souvent, et j'ai donc passé beaucoup de temps là-bas.

Dans son travail, ma mère a également été victime de discrimination. Grâce à mon grand-père, elle avait obtenu un emploi comme aide-infirmière à l'hôpital de

Craiova. Mais, comme mon grand-père, elle s'est fait virer quand on a su qu'elle était rom. Alors, à l'instar de sa belle-mère quelques années plus tôt, elle est allée travailler au marché de Craiova avec mes tantes.

Quelquefois j'allais les voir ; je connaissais tout le monde là-bas sur le Tirgu Romanescu. Elles étendaient une couverture par terre, sur laquelle elles disposaient les chaussures et les vêtements d'occasion qu'elles vendaient.

Ma mère partait de bonne heure pour installer sa marchandise. Le matin, en arrivant sur place, elle récupérait dans des hangars voisins les gros baluchons qu'elle y avait entreposés la veille et elle passait toute la journée en plein soleil ou dans le froid l'hiver. Elle souffrait d'ailleurs beaucoup du froid et, comme elle est malade de la thyroïde, elle avait quelquefois des crises. Ses mains et son visage se bloquaient alors, et elle ne parvenait plus à les bouger. La voir ainsi me faisait pleurer.

A son retour du marché, sa journée n'était pas terminée. Le soir, elle préparait à manger, accomplissait les tâches ménagères et s'occupait de nous.

Elle nous faisait régulièrement des plats typiquement roms, comme du *sarmale*, le plat traditionnel à base de chou farci à la viande, de riz, d'oignons et de sauce tomate.

C'est un plat qu'on sert avec de la polenta ou la *čorba*, la soupe roumaine, faite avec des légumes en morceaux et de la viande de poulet ou de bœuf.

Mais ça, c'était pour les jours de fête, car le plus souvent nous mangions des épinards ou de la purée… Nous n'avons jamais eu à nous plaindre, car nous avons toujours mangé à notre faim ; nos parents travaillaient dur pour cela.

Je sais cependant que, pour certains Roms, ce n'était pas le cas. Beaucoup n'avaient pas la chance, comme mon père, d'avoir pu faire des études. Mon père, après avoir quitté l'épicerie de Boana, avait trouvé une place de comptable dans un magasin de pièces automobiles. Chaque matin, lorsqu'il partait au travail, il faisait attention à s'habiller le mieux possible, à être présentable et à ressembler à un Roumain.

Grâce au travail de mon père et à sa farouche envie de nous offrir une vie meilleure, nous avons réussi à quitter notre quartier pour emménager dans un appartement d'un des grands immeubles construits par Ceausescu, dans un quartier de Craiova où n'habitaient que des Roumains.

Enfin, notre domicile ne nous étiquetait donc plus comme des Roms, et mon père nous rappelait sans cesse de faire attention à notre apparence pour mieux nous faire accepter. Même si nous parlions rom à la maison, il mettait un point d'honneur à nous apprendre à parler le roumain correctement.

Dans cet appartement que mes parents devaient louer très cher à l'époque, nous avions tout pour réussir, pour nous en sortir. Et puis, après avoir vécu dans l'insalubrité du quartier Fata Luncii, cet appartement pour nous tout seuls, c'était comme un rêve. Nous avions une cuisine, un salon et deux chambres, l'eau courante, l'électricité !

Nous avons enfin pu être scolarisées. Ma grande sœur, Anita, qui a quatre ans de plus que moi, est entrée à l'école primaire. Papa était fou de joie ce jour-là.

Quant à moi, je suis entrée à la maternelle. J'étais la seule Rom de l'école. Chaque jour, je m'appliquais à parler roumain et non ma langue. Dans les lots de marchandises qu'elle vendait, maman m'avait trouvé un joli cartable, et papa avait acheté de beaux cahiers, des crayons, toujours pour nous faciliter la vie et gommer nos différences avec les autres.

Mes parents ont toujours essayé de nous donner le meilleur, de nous acheter les mêmes choses que les autres pour que nous ne soyons pas rejetés. Toujours dans cette même idée, quand elle venait me chercher à l'école, ma mère s'habillait de façon à ne pas attirer sur elle l'attention.

Mais, au bout d'un moment, j'ai tout de même eu des remarques de la part des autres filles de ma classe qui ont commencé à avoir des doutes. « Tu es rom, toi ! », « Tu es tzigane ! », « Tu es sale ! » me disaient-elles. Au fil du temps, comme je ne répondais pas, leurs propos se sont faits de plus en plus blessants : « On ne veut pas jouer avec toi, dégage ! » « On a déjà nos copines ! »

Je me souviens aussi qu'au moment où l'on devait se mettre en rang par deux pour entrer en classe, personne ne voulait me donner la main.

Une fois, mon père m'avait amenée à la maternelle, et je m'étais installée à une table, seule. Il s'est alors avancé vers moi et m'a dit : « Va te mettre avec les autres petites filles. » J'ai alors perçu le regard noir de certaines d'entre elles, je me suis retournée vers mon père et je lui ai répondu : « Elles ont déjà leurs copines ! »

Jamais les filles de mon école n'ont voulu jouer avec moi. Je ne comprenais pas pourquoi elles me rejetaient et ne voulaient pas de moi.

Quand j'en parlais à mes parents, je sentais bien qu'eux aussi étaient blessés, mais ils me disaient que ce n'était pas grave, que les autres étaient jalouses parce que j'avais un plus joli cartable qu'elles, qu'elles n'étaient pas meilleures que moi…

Malgré les efforts, même si j'étais toujours bien habillée et travaillais bien en classe, elles me rejetaient systématiquement, simplement parce qu'elles soupçonnaient mon appartenance à la communauté rom.

Mon père avait beau tenter de me rassurer, me dire que ce n'était pas grave, je souffrais beaucoup de la situation. Je n'avais que sept ans, tout comme les autres filles de ma classe. Comment peut-on être aussi cruel quand on est enfant ? Comment peut-on penser de pareilles choses à cet âge-là ?

Dans les classes supérieures, ma sœur vivait la même chose, supportait les mêmes remarques. Pourtant, elle travaillait bien. Tellement bien qu'un jour ma mère est allée à la cérémonie de remise des récompenses de fin d'année : Anita avait eu la meilleure moyenne de la classe. Elle aurait donc dû recevoir le prix d'honneur, les félicitations de la directrice.

Mais sa maîtresse avait appris que ma famille était rom, et c'est donc finalement une Roumaine qui a obtenu la récompense. Ma mère, tout heureuse ce jour-là de venir à l'école et pensant que sa grande fille allait recevoir le prix d'honneur, avait acheté un bouquet de fleurs pour la maîtresse. Malgré la déception de voir une autre fille injustement voler la vedette à la sienne, ma mère a offert ces fleurs à la maîtresse, qui n'en a pas voulu.

Ce soir-là, quand ma sœur et ma mère sont rentrées à la maison, j'ai vu pour la première fois ma sœur pleurer. Ce soir-là, certainement plus que tous les autres jours, j'ai réellement compris ce que c'était d'être rom, à quel point c'était mal vu et qu'il fallait tout faire pour que cela ne se sache pas.

Aux yeux des autres, nous n'étions pas des gens civilisés, pas des gens comme il faut, pas des gens à fréquenter. Pour eux, nous, les roms, ne faisions que voler, mendier, nous étions sales et malhonnêtes.

Pour ma part, je n'étais physiquement pas particulièrement typée rom, avec une peau très mate et foncée.

Certes, la plupart des autres filles scolarisées avec moi étaient plutôt blondes avec une peau claire, mais j'avais l'impression que les brunes me ressemblaient, qu'elles étaient habillées comme moi.

Ce qui me choquait le plus, quand j'allais rendre visite à maman au marché et qu'il lui arrivait de temps en temps de porter la tenue traditionnelle, avec de grandes jupes, des hauts fermés, des vêtements qui ne montraient ni la peau nue ni les cheveux, c'était de sentir sur elle les regards moqueurs des gens. C'est certainement un de ces jours où elle voulait montrer qu'elle était une femme comme une autre que ma maîtresse de maternelle est venue faire ses achats au marché. Ce jour-là, elle a vu ma mère dans une tenue traditionnelle, qu'elle n'aurait sans doute jamais pensé voir sur ma mère qui prenait soin de s'habiller comme toutes les autres mamans lorsqu'elle m'accompagnait à l'école. J'étais au marché ce matin-là.

J'étais très gênée, et ma mère a dit qu'elle avait eu la honte de sa vie, qu'elle avait eu l'impression de me trahir et de trahir mon père. Il ne cessait en effet de nous répéter de ne pas montrer le moindre signe extérieur de notre appartenance au peuple rom.

Heureusement, la maîtresse a été compréhensive et n'a rien dit. Je crois en fait qu'elle m'aimait bien. Mais, après cet épisode, j'ai quand même senti une distance entre elle et moi.

Pendant que ma mère faisait les marchés, quand je n'étais pas à l'école, j'étais à l'appartement avec Anita et Maria, notre petite sœur, de deux ans ma cadette. Nous restions bien sages toutes les trois, nous nous occupions à dessiner ou à jouer à la poupée. Nous ne sortions presque jamais de l'appartement.

De toute façon, les rares fois où nous tentions d'aller jouer dehors, en bas de l'immeuble, les autres enfants nous rejetaient parce qu'ils savaient que nous étions roms. Les voisins de notre immeuble, qui avaient sans doute vu nos grands-parents ou nos oncles et tantes nous rendre visite, avaient interdit à leurs enfants de jouer avec nous.

En 1997, je ne sais pas comment était la vie ailleurs, mais ici, à Craiova, c'était ainsi.

Et, plus je grandissais, plus les remarques me faisaient mal.

Souvent, j'ai vu ma grande sœur rentrer à la maison essoufflée, craintive. Adolescente, elle aussi a vécu des moments difficiles, mais elle ne se plaignait jamais, ne disait rien à mes parents, de peur qu'ils ne s'inquiètent.

D'autant que la situation devenait de plus en dure à la maison. Dans une période que pourtant nous espérions meilleure, mon père a perdu son travail. A-t-il lui aussi été dénoncé par certains ? Peut-être, mais il ne nous l'a jamais dit. Il nous a expliqué qu'on lui avait fait savoir « ne plus avoir besoin de lui ».

Je ne peux m'empêcher de penser aujourd'hui qu'un voisin bienveillant est allé vendre la mèche et dire que le comptable qui travaillait à l'entreprise de pièces automobiles était un sale Rom.

Sans travail, avec un loyer à payer à la fin de chaque mois et des frais de scolarité pour leurs trois filles, mes parents ne pouvaient donc plus s'en sortir. Plus les jours passaient, plus le voisinage était au courant de la situation.

L'enchaînement des choses semblait nous conduire peu à peu à être expulsés et vers un retour dans le quartier des Roms.

Mais mon père ne voulait pas cela. Il savait combien il avait été difficile de quitter le camp, de rompre avec cette vie d'avant.

Et comme le petit boulot de ma mère au marché n'était pas une source de revenus suffisante, il fallait bien envisager autre chose. Envisager un départ vers un monde meilleur, plus accueillant.

Mes parents ont alors commencé à se renseigner et à parler avec mes oncles et mes tantes. Certains avaient déjà tenté de partir à l'aventure.

La France ou l'Italie pourrait être une occasion pour eux de mieux s'en sortir, de trouver un travail, pensaient-ils. Il leur semblait que là-bas les choses seraient plus faciles et mieux.

Depuis toujours, mon père était attiré par la France. Il était amoureux de sa culture. Il nous parlait souvent des rois de France, il avait lu beaucoup de livres sur l'histoire du pays. Il pensait que c'était là-bas, dans ce pays occidental, que nous aurions le plus de chances d'avoir une vie meilleure. Vu de Roumanie, ce pays ressemblait à la Terre promise.

Avec mes yeux d'enfants, j'imaginais un lieu magnifique, totalement différent de ce que j'avais connu. Les anciens nous disaient qu'en France, il y avait des mandariniers et des orangers partout et qu'on pouvait en cueillir les fruits pour se rassasier…

Plus le temps passait et plus mes parents préparaient le départ. Ils avaient appris que des camions emmenaient des gens clandestinement vers l'Ouest. Mais il fallait de l'argent, beaucoup d'argent.

Il y en a eu des réunions familiales à ce sujet, auxquelles nous, les enfants, n'étions pas conviés ! Mais Tibi et moi, nous nous cachions pour écouter aux fenêtres ou aux portes et savoir ce que nos parents envisageaient. Et puis, un matin, papa est venu nous réveiller.

Il nous a dit : « On y va, les filles. C'est aujourd'hui que nous partons. »

Sans un bruit, un peu déboussolées, nous avons rassemblé nos affaires, enfin le strict nécessaire, c'est-à-dire quelques vêtements.

Maman a choisi ce que je devais prendre. Tout s'est passé très vite. En silence. Pas de questions. Aucune remarque. Pas de sourires.

J'aurais bien voulu prendre ma poupée et ma collection de petits jouets en plastique que j'avais trouvés dans les Kinder Surprise, mais il n'y avait pas assez de place. J'ai aussi laissé mon cartable d'école, mes cahiers, mes dessins, mes crayons.

Nous avons refermé la porte de l'appartement, descendu l'escalier en silence. Au bas de l'immeuble, j'ai vu mon père regarder à droite, puis à gauche. Maman me tenait dans sa main d'un côté, Maria de l'autre.

Je me rappelle que le jour n'était pas encore levé, mais qu'il faisait déjà très chaud en ce mois de juillet

1997. Je n'ai pas eu le temps ou le courage de me retourner pour voir une dernière fois l'immeuble que nous laissions derrière nous.

Une heure plus tard et après avoir marché d'un pas alerte, nous étions tous rassemblés dans une maison. Il fallait attendre le passeur qui est arrivé quelques minutes plus tard. Dans ma mémoire, j'entends encore le bruit des amortisseurs claquant sur les pavés de la rue. Nous avons dit au revoir très vite à ma grand-mère et à tous ceux de la famille qui ne partaient pas. Mes grands-parents maternels, Ion et Veta, étaient venus également. Nous étions très proches d'eux, et devoir les quitter était très dur.

Nous ne savions pas pour combien de temps nous partions, ni vers quoi nous allions. La perspective était d'autant plus angoissante qu'aucun d'entre nous n'était jamais sorti de Craiova.

Tous nos proches nous ont dit de faire bien attention à nous, avant de nous embrasser, les larmes aux yeux. Gari, sa femme et ses enfants étaient également du voyage, et eux aussi ont eu des adieux difficiles avec le reste de la famille.

Et puis le passeur nous a pressés. Il n'avait pas l'air commode, pas très gentil. Maman a retenu ses larmes devant ses parents ; moi, je ne les ai pas cachées.

J'étais à la fois triste et heureuse. Triste de devoir laisser mon grand-père que j'aimais tant, mes deux grands-mères qui m'avaient élevée, triste de quitter ce quartier. Et j'étais heureuse à l'idée d'aller en France, ce lieu si lointain que papa nous avait décrit comme la patrie de Flaubert, de Corneille, de Victor Hugo. Cette France dont la grande histoire et les grands hommes me faisaient rêver.

Nous sommes montés dans la camionnette, un vieux combi Volkswagen bleu foncé qui dégageait une effroyable odeur d'essence. Nous avons pris place dans ce fourgon, la tête pleine de rêves et persuadés d'arriver très vite à destination.

Mon père était assis devant à côté du chauffeur. Quelques minutes plus tôt, je l'avais vu sortir une liasse de billets de sa poche, des marks. Plus tard, j'ai su qu'il avait payé 500 marks par personne. Une fortune pour l'époque ; cela représentait des années de salaire et d'économies.

Dans ce véhicule qui n'était pas de première jeunesse, les adultes et ma grande sœur se sont entassés sur les deux banquettes situées à l'arrière. Avec mes cousins et ma petite sœur, je suis montée dans le coffre, là où normalement on met les valises.

Il y avait pas moins de dix enfants dans ce coffre ! Dix enfants assis les uns à côté des autres, dans une situation inconfortable, l'un contre l'autre, mais contents d'être ensemble. Là, nous avons compris pourquoi il fallait voyager avec le strict minimum. Mais, peu importe, c'était pour nous le début d'une grande aventure !

La camionnette a démarré alors qu'il faisait encore nuit. Il y a eu des larmes, des signes de la main, des yeux rougis. Puis, la rue s'est éloignée…

Comme nous étions assis complètement à l'arrière, nous ne pouvions pas nous empêcher de regarder au-dehors pour voir notre quartier disparaître peu à peu. Puis, à son tour, c'est la ville qui s'est effacée. Nous sentions que nous nous éloignions vraiment de tout ce que nous connaissions.

II

Les premiers kilomètres ont défilé rapidement. Le jour se levait, et, dehors, les paysages nous étaient totalement inconnus. Il y avait des champs à perte de vue, puis des forêts. Je me rappelle avoir aperçu dans le ciel de grands oiseaux que je n'avais jamais vus auparavant. A coups d'amples battements d'ailes, ils semblaient voler lentement, mais sont restés longtemps au-dessus de nos têtes. Je les trouvais impressionnants. Peut-être allaient-ils eux aussi vers un monde meilleur ?

Et puis nous avons pris d'autres routes, les heures ont passé, les pauses étaient toujours très courtes. A chaque arrêt, le passeur nous pressait avec insistance pour que nous remontions reprendre nos places.

Nous n'avons pas beaucoup dormi la première nuit de ce long voyage. De toute façon, et malgré les quelques coussins et couvertures que maman nous avait donnés pour mettre sous nos fesses, le coffre était tellement inconfortable qu'il était bien difficile de trouver le sommeil. Ajoutez à cela le manque de place et les routes cabossées, nous ne dormions que quand la fatigue était plus forte que nous.

De temps en temps, le passeur s'arrêtait brusquement au détour d'une route ou d'un bois. Il attendait quelques instants, à l'affût de quelque chose que lui seul semblait pouvoir voir ou entendre, puis repartait. A l'arrière, j'avais peur chaque fois que j'entendais le moteur ralentir. Si cela se produisait, il n'y avait plus un bruit dans la voiture. Lorsque nous nous arrêtions, c'était toujours en retrait des routes, pour ne pas nous faire remarquer.

Nous savions qu'il y avait des risques, nos parents nous avaient prévenus. Un grand groupe de Roms au bord d'une route, à proximité d'une camionnette, cela attire forcément l'attention. Nous pouvions toujours nous faire arrêter et d'être renvoyés là d'où nous venions.

Alors, notre guide ne prenait que les petites routes et, quand il semblait perdu, les hommes dépliaient une carte et tentaient de trouver le meilleur itinéraire. Quand nous sommes arrivés à l'approche de la première frontière, la frontière hongroise, tout le monde était inquiet, cela se lisait, même sur nos visages d'enfants.

Nous avons cependant passé ce premier obstacle avec succès. Mais les difficultés sont vite arrivées ensuite : les routes de montagne ! Le passeur ne voulait plus s'arrêter. Il disait qu'il fallait faire au plus vite pour arriver en Slovénie, qu'après ce serait plus facile.

Presque tout le monde a été malade. La chaleur, les virages, quinze personnes entassées dans la camionnette, l'odeur écœurante d'essence, de cigarettes, de vomi, de nos habits maculés et sales que nous ne pouvions pas laver : tout cela était insupportable.

Et puis, en haut du premier massif montagneux, il a commencé à pleuvoir, la route est devenue de plus en plus glissante. Le chauffeur était certainement très fatigué, il roulait trop vite, et la camionnette a quitté la route…

Il y a alors eu un bruit énorme, comme si l'on avait arraché quelque chose.

Il y a eu des cris, puis le véhicule a stoppé net.

Maman s'est retournée vers nous pour vérifier que tout le monde allait bien, ce qui était le cas.

Mais, très vite, les hommes assis devant ont paniqué, nous ont demandé d'essayer d'ouvrir le coffre de l'intérieur. Impossible. L'oncle Gari a alors enjambé la banquette et a tenté de frapper la vitre arrière avec ses pieds pour la briser. Impossible là aussi.

La camionnette était coincée, en équilibre, les deux roues avant dans le ravin. Seul le poids qui se trouvait concentré à l'arrière, le poids de dix enfants entassés, nous permettait de ne pas basculer dans le vide…

Tout doucement pour ne pas déséquilibrer la voiture, tout le monde est venu vers l'arrière. Cela nous a semblé durer une éternité, alors que les choses se sont sans doute déroulées en quelques dizaines de secondes. Puis, oncle Gari a frappé et frappé encore plus fort, et la vitre a cédé, enfin.

Nous sommes tous passés par le coffre pour descendre et nous retrouver sur la terre ferme. La camionnette n'avait pas basculé, nous étions en vie, mais elle était fichue.

Nous l'avons donc abandonnée là, au bord du ravin. Nous avons pris nos quelques valises et avons commencé à marcher sous la pluie. J'ai le souvenir d'avoir donné la main à maman durant ces heures interminables. J'ai le souvenir aussi que j'avais peur. Une immense peur.

Quelques minutes ou quelques heures plus tard, je ne sais plus, nous avons vu des hommes portant des uniformes : des militaires ou des policiers. Eux aussi nous ont repérés sur le bord de la route... et nous ont arrêtés.

Fin du voyage.

Nous avons malgré tout été bien traités. Pendant plus d'une journée, nous avons été placés dans une caserne, où nous avons été nourris de tartines de saindoux sur du pain noir et où nous avons pu nous reposer à même le sol. C'était un sol en pierre, c'était dur et froid.

Je voyais bien que mes parents et mon oncle étaient inquiets. Ils savaient pertinemment que cette arrestation sur le sol hongrois était synonyme de reconduite immédiate à la frontière roumaine. La Roumanie : ce pays que nous avions fui, en toute illégalité, quelques jours plus tôt.

Effectivement, nous avons été expulsés de Hongrie et ramenés sous haute protection jusqu'à Timisoara. Tout un symbole pour ma famille qui avait vécu sous l'ère Ceausescu, car c'est dans cette ville que l'insurrection populaire contre le dictateur avait débuté le 16 décembre 1989. Timisoara (et sa grande colonie de Roms) avait été la première ville libre de Roumanie.

Mais mes parents n'avaient que faire de ce symbole. Ils avaient échoué dans leur projet d'emmener leur famille vers un monde meilleur et ne voulaient pas baisser les bras.

Comme il restait encore quelques économies dans les poches de mon père et de mon oncle, une nouvelle opportunité de quitter le pays s'est présentée. De toute façon, toute la famille était bien décidée à reprendre le chemin vers l'Ouest.

Dans le campement provisoire où les autorités nous avaient ramenés, mon père a tout de suite repris contact avec des passeurs. Ou peut-être est-ce le contraire d'ailleurs, car beaucoup d'hommes rôdaient autour des familles, leur proposant un peu de rêve monnayé, l'itinéraire idéal qui permettrait d'arriver à la destination espérée.

Dès le lendemain de notre arrivée à Timisoara, nous sommes repartis. Fini le confort – certes relatif – de la camionnette ; c'était désormais dans un camion que nous allions devoir faire le voyage. Un vieux et gros camion fermé, dans lequel nous sommes montés.

Nous étions une trentaine, peut-être même plus, dans ce véhicule où il n'y avait évidemment aucune vitre pour voir l'extérieur et où, pour seul confort, j'avais les jambes de ma maman sur lesquelles je posais ma tête pour tenter de dormir.

Dans cet univers glauque, inconfortable, bruyant, dans cet espace de tôles qui grinçaient et qui amplifiaient la chaleur extérieure, nous avons vécu un enfer indescriptible, où se propageaient les odeurs d'urine, de sueur, de vomi. L'odeur rance et atroce de la peur.

Jamais je n'ai raconté cela.

Jamais, depuis ce voyage, nous n'avons reparlé de cela avec mes parents. Pourtant, ce n'était pas un cauchemar ; c'était bien réel, et j'ai vécu cela, moi la petite Anina qui, depuis toute gosse, ne rêvais que d'une vraie salle de bains, moi qui, depuis ma plus tendre enfance, n'ai cessé de prendre soin de mon corps, de mon apparence.

Alors, je préfère oublier ce voyage, oublier ces longues heures passées dans ce camion, sans boire ni manger.

Mon père avait de nouveau payé 3000 marks pour ce voyage en enfer. La seule fois où nous avons vu le jour, c'est quand le camion a stoppé net.

Certains d'entre nous ont été projetés contre les parois. Il y a eu des cris, il y a eu des pleurs et de l'affolement.

D'un coup, les portes arrière se sont ouvertes.

Je me souviens d'avoir eu très mal aux yeux.

Je me souviens que tout le monde a mis la main devant son visage pour tenter d'apercevoir quelque chose et comprendre ce qui se passait.

Je me souviens aussi d'avoir pris une grande bouffée d'air. Nous sommes sortis les uns après les autres, et, brusquement, des militaires partout autour de nous

nous ont encerclés. Ces hommes armés criaient dans une langue que nous ne comprenions pas.

Derrière eux, il y avait des camions de guerre ; un peu plus loin et sur notre gauche, un champ de ruines. Toutes les maisons que nous pouvions apercevoir avaient été détruites par des explosions. Et quand elles n'étaient pas en ruine, leurs murs portaient des traces de balles et d'obus.

Là encore, nous étions terrorisés ! La peur nous étreignait. Peur d'être entourés de militaires dont nous ne savions pas ce qu'ils voulaient, peur d'être tombés au beau milieu d'une guerre et peur d'être renvoyés une nouvelle fois en Roumanie.

Finalement, l'un des militaires a expliqué que nous étions en train de traverser un champ de mines ! Qu'il était impossible et très dangereux d'aller plus loin dans la direction que nous prenions.

Ils nous ont alors guidés pendant plusieurs centaines de mètres en montrant au chauffeur du camion où passer pour éviter de sauter sur une mine. De notre côté, nous marchions, ce qui nous a permis de nous dégourdir un peu les jambes et de nous aérer.

Malgré cette pause, nous étions très inquiets de voir ces militaires. Ils nous sortaient d'une mauvaise passe, d'accord, mais après, ils risquaient de faire comme ceux rencontrés en Hongrie : ils allaient sans aucun doute nous renvoyer chez nous.

Ce moment si étrange, où j'avais l'impression d'être dans un autre monde, entre un champ de mines et un champ de ruines, m'a paru interminable.

Nous étions certes sortis du camion, nous pouvions enfin respirer un peu autre chose que notre puanteur ambiante, mais l'atmosphère était pesante. Papa tentait de nous divertir. Les armes n'étaient pas pointées sur nous, mais elles étaient là, tout près. C'était la première fois que je voyais des fusils et des mitraillettes.

C'était aussi la première fois que je voyais un tel spectacle de désolation. Pourtant, la rue Hanul Rosu était loin de ressembler à Broadway. Mais là, c'était bien pire.

Plus aucune maison n'était debout. Et, surtout, il n'y avait plus personne, tout le monde avait déserté les lieux, qui étaient devenus fantomatiques.

Je me suis alors mise à penser qu'autrefois, il avait aussi dû y avoir des enfants et des parents ici, et que, comme nous peut-être, ils avaient voulu fuir pour un ailleurs meilleur.

Mon père a réussi à parler un peu avec les soldats pendant qu'ils nous escortaient. J'ai bien vu qu'il ne répondait pas quand ces hommes lui demandaient d'où nous venions. Lui voulait simplement savoir où nous étions après ces longues journées de route, enfermés à l'arrière du camion.

Un soldat lui a répondu. J'entends encore aujourd'hui ce mot résonner dans ma tête, ce mot sorti de la bouche du militaire, un homme beaucoup plus jeune que mon père : KOSOVO.

Quand j'y repense maintenant, quand je vois tout ce qui s'est déroulé au Kosovo à cette période, je me dis que nous avons eu beaucoup, beaucoup de chance.

Contre toute attente, les militaires nous ont laissés partir dès que le danger a été écarté.

Nous sommes donc remontés à l'arrière du camion, et le trajet s'est poursuivi, dans les mêmes conditions affreuses.

Impossible là encore de dire quel trajet nous avons suivi, ni combien de temps cela a duré. Ce qui est sûr, en revanche, c'est que, plus le temps passait, plus nous sentions que le grand jour arrivait. Nous l'éprouvions tout bêtement : plus les kilomètres défilaient, plus les routes étaient en meilleur état, moins défoncées, moins cahoteuses.

Je savais qu'au bout de tout ce chemin, il y aurait les oranges et les mandarines.

Nous touchions au but.

Mon père nous avait dit avant de partir que la vie en Roumanie n'était plus possible pour nous. Il avait insisté sur le fait que, depuis son enfance, il avait rêvé de partir vers l'Ouest, même si son pays de toujours resterait la Roumanie. C'est là qu'il était né, là qu'il avait appris la vie, qu'il avait étudié, travaillé.

C'est dans ce pays qu'il s'était marié et qu'il avait eu ses enfants. Dans ce pays pourtant si inhospitalier pour les Roms, il avait voulu vivre, non pas comme un Rom, mais comme un citoyen lambda. Mais les événements, auxquels se sont ajoutés la bêtise et le racisme, l'ont contraint à revoir ses plans.

Alors, pendant ce long voyage et même si nous n'avons pas eu beaucoup le temps de parler, il venait de temps en temps nous rassurer, surtout après le premier échec et le retour forcé à Timisoara.

« Vous verrez, les enfants : là-bas, nous aurons notre maison. Je vais trouver du travail et vous pourrez faire de grandes études pour avoir un beau métier », nous promettait-il. Ces quelques mots glissés dans la pénombre du camion, ces mots doux et réconfortants nous faisaient oublier la puanteur de cet espace confiné. Ces mots ranimaient nos flammes, égayaient nos cœurs. Mes cousins, mes sœurs et tous les autres enfants qui étaient du périple avaient tous retrouvé le sourire avec ces paroles pleines d'espoir.

Les mamans avaient même commencé à entonner des chansons joyeuses pour fêter cela, pour symboliser la fin si proche de ce long voyage.

Nous avions hâte d'arriver. Nous avions fait tant de sacrifices pour parvenir jusqu'ici. Cela faisait peut-être deux ou trois jours que nous n'avions rien avalé. Mais, dans ce vacarme, je n'entendais même pas mon ventre gargouiller !

Et puis, enfin, nous sommes arrivés à destination après une bonne dizaine de jours d'un voyage tumultueux, périlleux et douloureux. Nous avons, durant toute cette escapade, parcouru 1500, 2000 ou 2500 kilomètres, à rouler sur des petites routes, à éviter les postes de douanes, à prendre des risques fous.

Malheureusement, lorsque le moteur s'est arrêté et que les portes du camion se sont ouvertes, nos sourires se sont vite figés sur nos visages.

Face à nous, il y avait une décharge parsemée de vieilles caravanes défraîchies par le temps. Les caravanes étaient placées là, au beau milieu des ordures. Une épaisse fumée noire jaillissait au loin ; une longue colonne de fumée qui montait au ciel et assombrissait l'horizon.

Nos yeux encore endoloris d'être restés si longtemps dans la pénombre ne percevaient que ces couleurs tristes et sombres. Moi, je m'étais attendue à voir du bleu, du vert, du jaune.

Mon nez, qui depuis des jours n'avait respiré que la puanteur à peine masquée par le foulard que j'avais mis devant mon visage, ne discernait pas le parfum des fleurs, des oranges, du soleil. Au contraire, un relent âcre mêlé à l'odeur de bois brûlé écœurait mes narines.

Nous étions arrivés, et il fallait descendre ici, sur ce morceau de terre sale, poussiéreux et inhospitalier. J'avais espéré voir un peu de végétation.

J'entends encore le chauffeur du camion ordonner : « Tout le monde descend, vous êtes arrivés. Allez, dépêchez-vous, je n'ai pas que ça à faire ! »

Nous venions d'arriver en Italie, dans la banlieue de Rome.

L'endroit exact s'appelait Casilino.

Casilino : un campement sordide, l'endroit où atterrissaient les Roms, candidats à l'exil, l'endroit où les passeurs véreux débarquaient leurs proies.

Si, au départ de Roumanie, on avait dit à mon père que notre voyage s'arrêterait à cet endroit, il ne nous aurait pas fait monter dans le camion. Mon père n'avait pas payé cette somme colossale pour se retrouver là. Mes parents n'avaient pas dépensé toutes leurs économies et une partie des économies de mes grands-parents pour échouer en ce lieu de misère, loin de la France tant espérée.

Mais le passeur n'a rien voulu savoir. Il avait été missionné pour déposer tout le monde ici, comme il le faisait à chaque voyage, et il devait repartir au plus vite pour recharger d'autres candidats au rêve occidental.

En voyant ce lieu immonde, j'ai pleuré. Je n'avais jamais vu pareille misère, pareille désolation. Quand j'y repense, je me dis qu'effectivement, je n'ai jamais connu pire depuis.

C'était une immense décharge avec des ordures partout. Quand je dis partout, je pèse mes mots : non seulement elles jonchaient le sol, mais il y en avait également perchées sur les toits, d'autres volant au vent.

Entre les cadavres de voitures abandonnées, les tas de palettes et les détritus en tous genres erraient des poules, des coqs, des chiens, des rats, des enfants.

Nous venions, contre toute attente et toute espérance, d'arriver dans le plus grand et le plus ancien camp rom d'Europe.

Ici vivaient des Roms roumains, serbes, et encore d'autres, chassés des pays Balkans ou voulant fuir la guerre. C'était comme une ville ou plutôt un bidonville où chacun vivait dans des conditions déplorables et inhumaines.

Ici et sans que rien ne soit agencé se succédaient de vieilles caravanes délabrées, souvent posées à même le sol, des semblants de maisons construites avec des planches de bois, des morceaux de plastique et de vieux cartons. Il y avait aussi de vieilles roulottes sans fenêtres. Sur les toits de ces baraques, les gens avaient entassé des pneus pour éviter que ces structures précaires ne s'envolent.

Chaque caravane, chaque abri de fortune étaient généralement tagués et portaient un numéro peint à la main ou à la bombe, un numéro pour que les gens puissent se repérer dans cet immense terrain situé à dix kilomètres à peine du Vatican.

Dès qu'il pleuvait, il y avait de la boue.

Dès qu'il faisait chaud et sec, c'est une poussière rouge et ocre qui envahissait tout. Et partout il y avait des rats qui couraient et me terrifiaient.

Ce n'était pas du tout l'image du pays étranger fabuleux que nous avions imaginé dans nos rêves les plus fous. C'était comme si l'image qui avait été placée dans notre tête à notre départ de Roumanie s'était cassée en mille morceaux. Notre tableau rêvé du pays étranger accueillant et verdoyant s'effondrait sous nos yeux.

Dès le premier jour, dès que nous avons foulé le sol de ce camp, nous avons commencé à pleurer. Tout le monde pleurait, et nous voulions rentrer, retourner au pays. On se disait qu'ici, c'était encore plus misérable qu'en Roumanie.

Puis mon oncle Vasile est arrivé. Enfin un peu de réconfort, enfin quelqu'un que nous connaissions.

Avec ses enfants, il habitait dans ce camp depuis plusieurs mois.

Lui aussi avait tenté l'expérience ! Lui aussi avait été abusé par les passeurs qui ne lui avaient évidemment pas dit que le rêve se fracasserait ici, sur les carcasses de caravanes de Casilino.

Lui aussi avait pleuré en arrivant sur ce terrain vague délimité par quelques grillages, sur lesquels pendaient des sacs plastique échoués, des bouts de fil, de vieilles chaussures…

Vasile avait changé en quelques mois. Il paraissait marqué par le temps. Ses enfants, mes cousins, avaient eux aussi beaucoup changé. J'avais l'impression qu'ils avaient grandi trop vite. Que, dans ce lieu hostile, la vie ne leur avait rien épargné, que tout était plus compliqué qu'à Hanul Rosu.

J'avais raison.

Le premier soir, nous avons été logés dans sa caravane. Nous étions un peu tassés, mais tellement contents de nous retrouver après tout ce que nous venions de vivre.

Toute la soirée, autour du feu, nous leur avons raconté notre périple, l'accident, le retour à Timisoara, le camion, le champ de mines. Vasile avait eu moins de soucis avec son passeur qui les avait amenés sans encombre jusqu'en Italie.

Le lendemain, il nous a trouvé une caravane qui avait été fraîchement abandonnée par des Roms ayant décidé quelques jours plus tôt de partir pour tenter de gagner l'Angleterre. Cette caravane, il a fallu l'acheter au chef du camp, celui qui régissait tout, les problèmes des uns et les demandes des autres.

Je revois encore ce petit homme presque chauve au visage buriné circuler dans le camp avec sa voiture, s'arrêtant chaque fois que quelqu'un l'appelait. Alors, toujours assis au volant de son véhicule, il discutait longuement avec un père de famille, une femme, un vieux monsieur.

De temps en temps, il prenait son téléphone et parlait fort. Quelquefois en rom, quelquefois dans une autre langue que je ne connaissais pas. Il paraît que c'était de l'italien et qu'il négociait des choses pour toute la communauté : des cartes de séjour, des petits boulots, des demandes d'aide ou d'asile.

Mais il régissait aussi et surtout les arrivées et les départs du camp, il était en relation permanente avec les passeurs qui arrivaient de l'Est et ceux qui aidaient les candidats pour la France, l'Angleterre.

Tout, dans le camp, passait par lui. Il fallait s'y faire, s'y plier.

Cela ne fut pas facile au début, car il y a eu quelques tensions entre lui et mon père. Mes parents n'étaient pas les bienvenus ici puisqu'ils prenaient la place de quelqu'un d'autre, d'une autre famille dont l'arrivée était prévue quelques jours plus tard.

Mais mon oncle, qui avait rapidement su s'imposer dans le camp, avait servi d'intermédiaire et convaincu le chef en expliquant qu'il devait donner un toit à son frère, qui ne leur causerait pas de problèmes. Je crois même que c'est Vasile qui nous a prêté l'argent pour acheter la caravane, mon père ayant tout dépensé dans le voyage.

Au fil des jours, nous avons donc essayé d'aménager cette caravane du mieux possible, tant bien que mal, avec des planches, des bouts de moquette et quelques couvertures.

Nous avions le numéro 56.

Des sacs-poubelle bleus recouvraient les vitres brisées en façade. Et sur le toit, il y avait trois grosses roues de voiture ainsi qu'une poutre de métal rouillé.

A l'intérieur, il n'y avait rien à part un grand lit. La plupart du temps, nous dormions tous ensemble. De toute manière, il était impossible de dormir ailleurs, le sol étant percé par endroits et menaçant de s'effondrer. Dès que mon père trouvait un bout de planche, il le posait pour éviter qu'on ne se blesse.

C'était très rudimentaire. Il n'y avait aucun confort, aucun équipement. Nous disposions juste d'un petit réchaud à gaz posé sur une table en plastique, dehors, sous l'auvent, où étaient également posées une vieille table brinquebalante et quelques chaises.

Dans la caravane, nous avions beau essayer de rendre l'espace vivable, le logement restait insalubre. Pour nous laver, nous faisions chauffer de l'eau dans une bassine. Il y avait un seul point d'eau pour tout le camp et les 800 personnes qui y vivaient. Inutile de préciser qu'il n'y avait donc pas toujours d'eau potable au robinet et, quand il y en avait, il fallait faire la queue.

Quant aux toilettes, elles étaient tout simplement inexistantes. Pour faire ses besoins, il fallait aller plus loin, au bout du terrain, derrière les tas d'ordures. L'odeur y était insupportable, des relents de pourri, de rance ; une puanteur qui pénétrait partout et qui restait en vous.

Et puis il y avait des chiens errants partout dans le camp. A la nuit tombée, ils hurlaient à la mort, faisant écho au vieil homme qui, chaque soir, sortait son violon pour jouer de bien tristes mélodies tziganes.

J'ai essayé le plus possible de rayer de ma mémoire cette période de ma vie, de ne plus jamais y penser, de ne pas en parler. D'ailleurs, personne parmi tous ceux qui me connaissent aujourd'hui ne sait ce que j'ai vécu dans ce camp.

Aucun ne sait combien j'ai honte d'avoir vécu cela.

C'est la première fois que je raconte ces choses. Je ne sais pas si cela me fait du bien de les dire aujourd'hui, mais, quelque part, cela me conforte dans l'idée que je sais d'où je viens et par où je suis passée pour devenir ce que je suis.

A cette époque, évidemment, je ne voyais pas les choses ainsi. Je me détestais, je voulais partir de là, fuir, aller en France.

Mais c'était impossible. Pour y parvenir, il fallait que mes parents trouvent de l'argent, il fallait du temps pour nous reconstruire et essayer de repartir dignement de ce camp qui existait depuis de nombreuses années et qui avait été occupé avant nous, les Roms, par des immigrés venus du sud de l'Italie et de Sicile. Très vite, ces populations avaient été placées dans des logements sociaux. C'est alors que les Tziganes avaient investi les lieux, puis, les années suivantes, des dizaines de familles venues de Roumanie et d'ex-Yougoslavie se sont installées sur les six hectares de ce camp.

Echoués là, naufragés devrais-je dire, en cet été 1997, nous n'avions qu'un seul but : partir au plus vite et survivre. Survivre à tout. Ce qui impliquait de trouver de quoi se nourrir et de rester en bonne santé. La santé était un souci constant. Il faut dire que nous étions souvent malades. Nous avions des infections qui ne guérissaient pas.

Quelquefois, des camions d'associations humanitaires entraient dans le camp pour distribuer gratuitement des médicaments.

Les gens faisaient la queue devant le camion, une très longue attente pour obtenir qui une lotion, qui un pansement, qui un comprimé…

Ma famille et moi tentions le plus souvent possible de sortir du camp. Car il fallait bien trouver de l'argent. Et le seul moyen pour survivre était de faire la manche.

Ministra, ma tante, la femme de Vasile, nous a montré le chemin pour aller jusqu'en ville. Elle aussi y allait tous les jours pour gagner quelques pièces et nourrir ses enfants.

Après de longues minutes de marche, tête basse, Ministra, maman et moi sommes arrivées dans des rues proches du centre-ville, au plus près des magasins.

Ministra avait prévenu ma mère que faire la manche n'était pas sans danger et qu'il fallait notamment faire attention à la police.

S'ils nous surprenaient en train de mendier, les carabiniers ou les policiers municipaux nous chasseraient.

Après maintes recommandations et conseils, elle a montré à maman un endroit où elle pouvait mendier et s'en est allée.

Nous l'avons vue s'éloigner. Maman s'est assise par terre. J'ai fait comme elle.

J'avais honte.

J'avais honte pour ma mère, obligée de faire la manche pour me nourrir.

Honte de me dire qu'elle faisait cela pour moi et pour mes sœurs.

Honte parce que j'avais sept ans et qu'aucune jeune fille de sept ans ne devrait avoir à faire la manche dans la rue, sur un trottoir.

Ce jour-là, il y avait énormément de monde dans les rues, pas seulement des Italiens, mais aussi beaucoup de touristes. Les gens nous parlaient en italien. Nous ne comprenions pas ce qu'ils disaient, mais nous n'avions pas besoin de traducteur : leur regard exprimait tout leur mépris et nous faisait mal.

Je me sentais rabaissée et misérable. J'avais de plus en plus honte.

La plupart des gens nous disaient avec leurs mots criards et perçants d'aller travailler, de partir, de dégager.

Puis la première pièce est tombée sur le morceau de foulard que maman avait mis devant elle.

Elle n'a pas osé relever la tête. Moi non plus d'ailleurs.

Je ne voulais pas qu'on me reconnaisse. C'est idiot, je sais, car personne ne nous connaissait dans cette ville, mais c'était ma façon à moi de me protéger, de rester dans ma carapace pour tenter d'occulter ce qui se passait autour de moi.

La deuxième pièce n'a pas tardé à venir, puis une troisième…

Le lendemain, et chaque jour qui a suivi, j'appréhendais d'y retourner. Mais il le fallait. Nous étions contraintes d'aller nous asseoir sur les trottoirs de la ville, de tendre la main pour demander de quoi remplir notre ventre.

Au bout de quelques jours, maman a même eu le courage d'écrire quelques mots sur un bout de carton qu'elle avait posé sur ses genoux. Quelques mots griffonnés en Italien, quelques mots suggérés par les plus anciennes dans la pratique de la manche.

Mais jamais je n'ai vu ma mère supplier ni tenter d'amadouer les passants. Elle non plus n'aimait pas être là ; elle détestait devoir faire cela.

Alors, elle restait assise et apprenait, au fil des jours, le courage de relever la tête pour sourire à la personne qui venait de lui faire une offrande.

Quelquefois aussi, certaines personnes ont cherché à nous aider. Elles essayaient de parler avec nous, de nous réconforter, surtout à l'approche de l'hiver.

Me voyant assise à côté de maman ou debout au coin de la rue à surveiller si la police arrivait, on me donnait quelquefois un bout de pain, un fruit, une boisson chaude. Mais c'était rare.

Si les Roms en Roumanie étaient considérés comme des sous-hommes, ici, en Italie, nous étions assimilés à de la vermine.

Alors, quand quelqu'un venait nous voir sans mauvaise intention, nous étions surpris et un peu réconfortés. Je me souviens plus particulièrement d'une vieille dame. Elle était venue parler à ma grande sœur qui, elle aussi, nous avait rejoints en ville, faisant la manche un peu plus loin.

Elle lui avait acheté à manger, lui avait demandé si elle allait à l'école, où elle vivait, où étaient ses parents.

A force de côtoyer les gens de la rue, Anita avait rapidement appris l'italien.

Elle avait expliqué à cette dame qu'on vivait à Casilino. Tous les Romains, tous les Italiens connaissent Casilino. Elle lui avait aussi expliqué qu'on n'avait pas le droit d'aller à l'école et que, depuis la Roumanie, notre parcours avait été semé d'embûches.

Le sort, l'histoire de ma famille, le sourire et les traits déjà marqués par la rue qui s'affichaient sur le visage de ma grande sœur avaient beaucoup touché cette femme qui, après en avoir parlé avec ma mère, avait proposé à Anita de venir habiter chez elle pour qu'elle puisse être scolarisée.

La proposition était généreuse, mais trop belle pour mes parents qui ont refusé. Alors, cette bonne

Samaritaine qui vivait seule nous a donné tous les vêtements qu'elle ne mettait plus. Et, comme l'hiver approchait, ce don nous a aidés à surmonter les premiers frimas de novembre.

Les mois passaient, et chaque matin nous quittions le camp pour aller faire la manche. Mon père, lui, essayait de vendre des journaux dans la rue. Faire de petits boulots, les plus honnêtes possible, était sa façon d'économiser pour aller en France.

Jamais il n'a cédé à la tentation de faire des choses illicites pour avoir de l'argent plus facilement.

Bien sûr, dans le camp, il y avait des gens qui volaient et vivaient de petits larcins. Ils allaient sur les chantiers, entraient par effraction et volaient du cuivre, des métaux semi-précieux.

C'était très risqué, mais surtout mon père trouvait que ce n'était pas une façon de vivre. Lui voulait mener une existence digne, la plus digne possible en tout cas, et nous offrir tout ce qu'il avait.

Il était évidemment peiné de nous voir faire la manche. Et peiné est un mot bien faible pour décrire son sentiment. Il se sentait terriblement frustré de ne pas pouvoir nous offrir la vie tant rêvée, il se sentait impuissant, et cela le rongeait de l'intérieur.

« Faites attention ! nous disait mon père chaque matin. Ne vous faites pas prendre. Et si la police arrive, courez le plus vite possible. »

Jamais nous n'avons été arrêtées. Chassées, souvent, mais interpellées, jamais.

De retour à Casilino le soir, nous nous retrouvions tous autour du feu de camp. Là, nous trouvions un peu de réconfort, nous faisions le vide dans nos têtes.

Maman passait d'abord dans une caravane voisine, où une femme faisait cuire du pain toute la journée pour approvisionner tous les habitants du camp.

Plusieurs fois, je suis allée avec elle dans cette caravane qui sentait bon le pain chaud. Cette femme brassait sa pâte dans une grande bassine blanche posée sur un lit. Puis elle enfournait sa préparation dans un vieux four, dont la porte restait fermée grâce à un manche à balai. La cuisson était rapide, et les pains, plats et ronds comme chez nous, ressortaient tout dorés.

Au-dessus de ses gazinières noircies par le temps, un vieux poste de radio criait des chansons que nous ne connaissions pas. Puis, un jour, une famille a apporté des cassettes de musique rom. Et là, le petit haut-parleur n'a cessé de déverser des airs si particuliers, si identifiables, si familiers à nos oreilles.

Il y avait souvent beaucoup d'enfants sur le pas de la porte de cette caravane. Ces petites bouches affamées espéraient un bon geste de la femme qui s'était improvisée boulangère.

Avec le maigre butin que les gens nous donnaient au cours de la journée, maman parvenait à acheter à manger, à condition de ne faire qu'un repas quotidien.

Les jours de marché, elle ramassait tous les légumes jetés à terre ou dans les poubelles, et en demandait aussi un peu aux marchands. Avec tout cela, elle arrivait à nous faire des plats. Elle se débrouillait toujours pour que nous ayons quelque chose dans le ventre. Combien de fois s'est-elle privée pour que mes sœurs, mon père et moi puissions manger ?

Quelquefois aussi, quand nous étions en ville et que nous avions fait une bonne journée, nous allions manger à la cantine publique en prenant garde de bien nous tenir pour ne pas éveiller l'attention.

A force d'entendre les gens parler, que ce soit dans cette cantine publique ou dans les rares magasins que nous fréquentions pour acheter à manger, je commençais à bien comprendre l'italien et je pouvais à peu près tenir une conversation. La manche aidait aussi beaucoup à comprendre les choses.

Les premiers mots de base, comme « Bonjour » ou « S'il vous plaît », sont venus rapidement. Les autres ont suivi. J'ai un don pour les langues. Je l'ai toujours eu.

Mais je crois surtout que nous, les Roms, nous développons une faculté d'adaptation extraordinaire. De tout temps et partout où nous sommes passés, nous avons appris la langue en quelques mois, avec cette volonté de faire bien et vite pour mieux nous intégrer.

Mais que ces longues semaines passées à Rome furent éprouvantes et marquantes ! Nous avons vécu six mois à Casilino, six mois qui m'ont paru interminables. J'affirme sans hésiter que ce fut la pire période de ma vie. Les images du camp à notre arrivée m'ont marquée à tout jamais.

On ne peut pas oublier cela ; ce sont des choses qui restent gravées en vous. Sans doute – et c'est même certain – ces six mois en apnée m'ont-ils donné envie d'avoir une vie meilleure, de changer d'existence, de ne jamais plus me retrouver dans cette situation.

Comme je l'ai déjà expliqué, j'avais tellement honte de cette période que je n'en avais jamais parlé à quiconque. Je voulais oublier, et, si je m'ouvre aujourd'hui, c'est parce que je pense que les gens ont besoin de savoir ce que peuvent être véritablement nos conditions de vie.

Je revois ces images, j'y repense souvent la nuit dans mes cauchemars et j'ai envie de les fuir.

Ce n'est pas quelque chose que l'on peut raconter facilement, ni même réellement faire comprendre ce que cela représente de vivre ainsi.

Ce n'est ni digne ni humain, et ces mois m'ont semblé durer une éternité.

Mes parents en ont sans doute encore plus souffert que moi. Ils se battaient chaque jour pour trouver de quoi nourrir la famille, et ils étaient profondément honteux de nous infliger cela, extraordinairement déçus de ces conditions de vie encore pires qu'en Roumanie.

Nous avons passé six mois à Rome, tout près de la capitale, sans jamais la découvrir. Il paraît que Rome est une très belle ville, mais je n'en ai rien vu, même pas le Colisée.

Nous étions exclus de la société. Nous n'avions évidemment pas les moyens de visiter quoi que ce soit et ne pouvions pas aller au centre-ville à cause de la police. Nous étions entrés en Italie de façon clandestine, n'avions pas de droit d'asile, nous n'avions aucun droit en fait, comme des êtres humains qui n'existent pas.

Au moins, en Roumanie, nous avions des cartes d'identité, une existence légale. Ici, nous n'étions rien. Des « microbes », disaient les Italiens qui ne voulaient qu'une chose : que l'on nous chasse pour les plus modérés, que l'on nous extermine pour les plus extrémistes. Dans ce contexte, le chef du camp nous disait souvent : « Faites confiance à Dieu, pas aux hommes. »

La goutte d'eau qui a fait déborder le vase et qui a décidé mes parents à partir, c'est que ma petite sœur, Maria, a eu un accident. La porte de la caravane fermait avec une chaîne que l'on accrochait à un clou. Un soir, alors que nous jouions dans la caravane et qu'il faisait nuit, Maria s'est cognée contre la porte et s'est blessée contre le clou, à l'œil.

Elle avait le visage en sang et une grave blessure à la paupière. Maman était affolée. Maria a été emmenée aux urgences et opérée. Elle est restée quelques jours à l'hôpital avant d'en être renvoyée parce qu'elle était rom.

Avec le manque d'hygiène du camp et les risques d'infection, il était difficile de la soigner, au point qu'elle risquait de perdre son œil. Nous n'avions donc plus le choix : il fallait partir.

C'est ce que nous avons fait dès que mon père a pu récolter suffisamment d'argent pour acheter une voiture qui allait nous permettre de traverser l'Italie et gagner la France, retrouver Vasile et sa famille qui avaient fui quelques semaines plus tôt et s'était établi à Lyon.

C'est donc sans regret que nous sommes partis un matin de décembre. Il faisait froid. Maman avait placé des couvertures sur nos épaules.

En quittant ce maudit camp de Casilino, nous ne nous sommes pas retournés une seule fois. Je n'avais pas envie de regarder en arrière ; il n'y avait vraiment rien à regretter ici.

Désormais, je voulais aller de l'avant.

J'ai appris bien plus tard qu'en janvier 2010, le camp a été rasé par les autorités italiennes. Il faut dire aussi que la situation était devenue insoutenable et que près d'un millier de Roms y étaient entassés avant son démantèlement.

Les véritables problèmes avaient en fait débuté en 2007, lorsqu'un Rom de Casilino a été accusé du meurtre de l'épouse d'un officier de marine. Cet acte odieux avait déclenché une immense vague anti-Roms chez les habitants de Rome.

Dans la foulée, et voyant que les camps étaient de plus en plus surpeuplés, un décret-loi a été adopté par le parlement italien, autorisant l'expulsion de ressortissants roumains citoyens de l'Union européenne.

Les expulsions de camps ont alors commencé dans tout le pays. Tous les jours, il y avait des descentes de police ; à chaque contrôle, les jeunes étaient fichés génétiquement.

Puis, un beau matin de janvier 2010, les bulldozers sont arrivés à Casilino. Toutes les maisons, les baraques, les caravanes et les roulottes de fortune ont été détruites, et les Roms, acheminés vers d'autres camps situés hors de la ville, loin des regards haineux et des menaces xénophobes.

Ces nouveaux camps, désormais plus petits, sont surveillés par des caméras et des vigiles armés. Mais leur confort est toujours aussi précaire.

En janvier 2010 et après plus de quarante ans d'existence, Casilino est redevenu un grand terrain vague abandonné.

III

En ce mois de décembre 1997, nous étions loin de penser qu'un jour, Casilino serait sous le feu de l'actualité et que tant de personnes allaient être expulsées, sans ménagement, sans aucune vraie solution de relogement.

Nous, nous avions fui avant cela. Nous sommes partis tous les cinq dans une petite voiture, une Polo, que mon père avait donc achetée.

Nous avons aussitôt retrouvé le sourire.

Mon père, qui conduisait le plus prudemment possible, est passé de nouveau par la montagne, par de petites routes sinueuses, sur lesquelles ma mère était souvent malade.

Mes deux sœurs et moi, assises sur la banquette arrière, nous regardions les paysages. Comme c'était beau ! Il y avait de grands arbres, des montagnes, de vastes étendues. Au détour d'un virage, j'ai même aperçu un lac d'un bleu que je n'avais encore jamais vu. J'avais l'impression d'être dans un livre d'images, de belles images qui se succédaient, des images que notre maîtresse nous avait montrées à la maternelle de Craiova.

Papa ne voulait pas s'arrêter, il roulait, allumait cigarette sur cigarette, et nous, derrière, avions toujours le regard rivé sur les paysages.

Nous avons ainsi roulé des heures et des heures sur les petites routes de montagne, évitant les grands axes et les douaniers.

Mais il était écrit que tout n'allait pas se passer comme prévu… Pourtant, mon père avait tout étudié, le parcours et les passages de frontières. Il avait à côté de lui une carte routière détaillée pour ne pas emprunter les axes surveillés.

Mais, en sortant d'un petit chemin de forêt, en longeant une route bordée de grands pins, nous sommes tombés nez à nez avec des douaniers qui nous ont fait signe de nous arrêter. Nous étions très près des frontières.

« Ne vous inquiétez pas, les filles, ne vous inquiétez pas ! » criait papa alors que, sentant le danger, nous commencions à pleurer.

Les douaniers, en uniforme, pistolet à la ceinture, étaient en train de contrôler un camion garé sur le bord de la route lorsqu'ils nous ont aperçus.

L'état de notre vieille voiture avait certainement éveillé leurs soupçons. Quand ils ont aperçu nos têtes de Roms dans la voiture, ils ont dû se dire : « Bingo ! Ceux-là, on les tient ! »

Papa avait arrêté la Polo sur le bas-côté, mais le moteur tournait toujours.

Quatre, puis cinq douaniers ont approché de nous rapidement, la main posée sur la ceinture, comme si nous étions des fugitifs recherchés par toutes les polices du monde.

Je pense que l'un d'eux a dû crier à mon père de couper le moteur, c'est en tout cas ce que j'ai compris. Mais mon père ne voulait pas s'exécuter. Il restait derrière son volant, apeuré, comme nous.

Maman se retournait vers nous pour nous parler et nous dire de nous taire. Mais nous ne l'entendions pas. Je voyais ces grands hommes fondre sur nous et devenir de plus en plus menaçants, exigeant maintenant que l'on sorte de la voiture.

Ils sont arrivés à notre hauteur, et j'ai hurlé : « Papa, Papa ! »

L'un d'eux s'est alors saisi d'un extincteur qui était posé sur le camion qu'il venait de contrôler. Il s'est approché de notre voiture et, voyant que nous refusions de descendre, il s'est mis à frapper la vitre.

Je ne voulais pas voir cela et j'ai pris mon visage entre mes mains. Dans la voiture, tout le monde pleurait et hurlait.

Mon père criait des mots que je ne reconnaissais pas. Ce devait être des insultes, des cris de colère, des propos inhabituels dans sa bouche.

Un, deux, puis trois coups, trois bruits très forts, et la vitre a volé en éclats.

J'ai retiré mes mains, rouvert les yeux : il y avait des morceaux de verre partout. J'en avais plein les cheveux, plein mes vêtements.

Papa, toujours assis derrière son volant, avait le visage en sang. Mais il ne voulait toujours pas sortir.

Les douaniers ont continué à frapper à coups de pied dans les portières, à coups d'extincteur sur la carrosserie, sur le pare-brise.

Au même moment, d'autres voitures sont passées sur cette route, ont ralenti devant un tel déchaînement de violence. Et puis il y avait le chauffeur de camion qui était descendu de sa cabine, alerté par le bruit et les cris.

Les douaniers ont cessé de frapper.

Papa a enclenché la marche arrière, les pneus ont crissé sur le gravier du bas-côté, et le danger s'est éloigné. Nous sommes partis sans nous retourner.

Mon cœur battait la chamade.

J'étais également très inquiète, car papa était en sang. Il ruisselait sur son visage. Après avoir brisé sa vitre, les douaniers lui avaient aussi porté des coups à la tête pour qu'il se résigne.

Maman lui essuyait le visage et papa fonçait, rebroussait chemin, fuyait ces douaniers peu complaisants, violents, inhumains.

Quel déchaînement de violence pour si peu de choses ! Quand j'y repense aujourd'hui, je me dis : heureusement qu'il y avait eu ces automobilistes curieux et que ce chauffeur de camion était là…

Si nous avions été seuls au bord de cette route avec ces hommes armés et bien déterminés à interrompre définitivement notre voyage, j'ose à peine imaginer ce qui aurait pu se passer…

Ce n'est que quelques heures plus tard et après avoir repris nos esprits que nous avons tenté un nouveau passage de la frontière. Terrés dans les bois, nous avions attendu que la nuit tombe pour repartir au petit matin.

Papa avait nettoyé tous les bouts de verre, posé un sac plastique sur sa portière pour se protéger du froid et du vent, et la petite Polo grise a redémarré.

Nous sommes sortis du bois, nous avons repris les petites routes sinueuses et enneigées. C'était le 18 décembre 1997.

Ayant peu dormi et très inquiète à l'idée de reprendre la route, je m'étais tout de même assoupie sur la banquette arrière quand j'ai entendu papa crier : « Ça y est, les enfants, on est en France ! »

Je me suis relevée d'un bond. Maria aussi, me donnant au passage un coup de coude dans le visage.

Puis, plus loin, il y a eu les premiers panneaux écrits en français que papa nous a montrés.

« Regardez, les enfants, c'est la France, c'est la France ! On a réussi ! »

Maman était folle de joie, papa chantait, mes sœurs rigolaient. Moi aussi peut-être. Je me souviens surtout qu'il y avait de la neige partout, sur la route, en haut des arbres, sur les bas-côtés. Quelques kilomètres plus loin, papa a arrêté la voiture sur le bord de la route, et nous sommes tous descendus.

Ce premier contact de mon corps sur le sol français, je m'en souviens, il était glacial. Mes petites chaussures de toile trouées n'étaient pas faites pour la neige. Mais peu importe, nous étions heureux…, même si je ne voyais toujours pas mes orangers.

Mon père, qui cherchait toujours à nous faire rire, nous a alors dit, avant que nous ne remontions en voiture : « Respirez l'air de la France, sentez comme il est pur ! » Et c'est vrai qu'il était pur et vivifiant !

Cette grande bouffée d'air qui emplissait mes poumons, c'était aussi ma façon à moi de me laver l'esprit, d'évacuer cette odeur pestilentielle qui s'était incrustée en moi depuis plus de six mois. Cet air pur, c'était comme un flash qui vous déchire les entrailles et nettoie tout en une fraction de seconde. J'ai, en ce matin d'hiver, respiré plus fort que d'habitude, afin de chasser mes vieux démons.

Mais la route était encore longue jusqu'à Lyon. Nous venions en effet de franchir la frontière à quelques kilomètres du tunnel du Fréjus.

Il restait encore quelques heures de route, quelques heures qui commençaient à paraître interminables pour nous, mais aussi pour la voiture qui donnait de plus en plus de signes de fatigue. Plus on approchait de notre destination et plus elle cahotait, faisant également de drôles de bruits.

Lorsque nous sommes arrivés dans cette grande ville de Lyon, dans toute cette circulation, mon père n'a pas paniqué. Et pourtant, il y avait des voitures, des camions, des cars, des motos. Que de monde !

Moi, je regardais, je voyais un grand fleuve avec des bateaux, des péniches. Il y avait aussi de grandes usines qui sentaient mauvais. Et puis des maisons, des immeubles, des grands magasins, d'immenses places.

Nous ne savions pas où se trouvait le foyer où vivait notre famille. Mais, patientant à un feu rouge, nous sommes tombés sur un Rom qui vendait des journaux. Quelle aubaine ! Non seulement il connaissait le foyer où vivait Vasile, mais il connaissait aussi notre famille. Il est donc monté avec nous et nous a montré le chemin. Arrivés sur place, nous avons retrouvé Binone, l'oncle de mon père, Ancuta, la fille aînée de Vasile, qui était mariée et avait des enfants. Dans ce foyer où s'entassaient les Roms, il y avait aussi des cousines de mon père et de ma mère. Tous avaient trouvé refuge ici.

Mais, dans ce logement social, il n'y avait pas de place pour nous, l'accueil ici ne pouvait pas se faire aussi facilement, il fallait des papiers que nous n'avions pas.

Une autre famille nous a alors indiqué qu'un peu plus loin il y avait un immeuble abandonné, squatté par des Roms.

Nous y sommes allés. A pied. Car, en arrivant devant le foyer, au terme de notre périlleux et long voyage, notre voiture avait rendu l'âme.

Après quelques minutes de marche, nous avons découvert un immeuble délabré qui n'avait plus aucune fenêtre. Toutes étaient cassées, brisées par des jets de pierre. En levant la tête, j'ai tout de même vu qu'à certains étages, on voyait des gens, et que quelques ouvertures avaient été occultées par des cartons.

A l'intérieur, les murs étaient décrépits.

Dans la pièce où l'on nous a dit de nous installer, il n'y avait évidemment pas d'électricité, pas d'eau. Juste un vieux matelas par terre et une étagère au mur. Mais, peu importe, nous avions de quoi nous loger pour la nuit en attendant de trouver mieux, et pourquoi pas une place au foyer, avec notre famille.

Ce soir-là, maman a fait réchauffer une boîte de cassoulet sur un petit réchaud à gaz que quelqu'un nous avait prêté. Mais nous n'avions pas d'assiettes. Alors, ma mère a récupéré un carton d'emballage vide, le seul truc propre qu'elle avait pu trouver dans cet endroit, et elle a versé le cassoulet dessus. Ce n'était pas très pratique, mais, au moins, c'était propre.

Nous n'avons dormi qu'une seule nuit dans cet immeuble. Car, le lendemain matin, aux aurores, les services sociaux ainsi que la police sont arrivés, nous ont tirés de notre sommeil et nous ont rassemblés pour nous faire sortir.

Nous ne savions pas ce qui allait se passer. Une nouvelle fois, nous avions peur ! La police n'était pas agressive avec nous, les enfants, mais elle n'a pas été très tendre pour faire sortir les hommes.

Les policiers n'hésitaient pas à les pousser, parfois un peu violemment, dans un tohu-bohu général. Les gens ne voulaient pas sortir ; ils étaient attachés à leurs petites affaires qu'ils avaient tant bien que mal réunies ici et ne voulaient pas les laisser.

La police criait : « Non, vous laissez tout. Vous ne prenez rien ! » Pour nous, c'était plus simple : nous n'avions rien.

Nous avons donc quitté cet endroit voué à la destruction et sommes montés dans un bus. Sous escorte de la police, les services sociaux nous ont emmenés dans une salle de la gare de Lyon-Perrache.

Nous avons attendu de longues heures avant de savoir quel sort allait nous être réservé. Nous redoutions bien évidemment l'expulsion et le retour au pays, mais plusieurs signes nous laissaient penser le contraire puisque tout le monde était gentil avec nous. Une femme est même venue apporter des feuilles et des crayons de couleurs aux plus petits. Moi, du haut de mes sept ans, j'avais passé l'âge. Mais, même si l'ambiance était détendue, je n'ai pas le souvenir que l'on nous ait donné quelque chose à manger ce jour-là !

Dans cette gare, nous avions compris que la police nous avait remis aux services sociaux. Nous n'avons pas été traités avec violence ; la porte était juste surveillée pour que nous ne sortions pas.

Au bout de quelques heures, une femme est arrivée et a appelé notre nom. Mon père s'est présenté à elle. Elle l'a emmené dans un bureau, a fermé la porte derrière elle.

Quand la porte s'est rouverte, papa avait le sourire. Il est revenu vers nous tout content en nous disant : « Ils nous ont trouvé un logement. Ils vont nous emmener à Valence. »

Première bonne nouvelle : nous n'allions pas être expulsés. Deuxième bonne nouvelle : nous allions avoir un logement, quelque chose de mieux que tout ce nous avions connu auparavant !

On nous a mis dans une camionnette avec d'autres Roms. Nous avons quitté Lyon, pris la direction du sud de la France et, un peu plus d'une heure après, nous sommes arrivés là où les services sociaux nous avaient trouvé une place.

C'était notre deuxième bouffée d'air depuis notre arrivée en France. La première, inhalée au cœur des montagnes, était celle d'un air pur et propre qui nous avait lavés de toute la saleté du camp.

La deuxième était à prendre au sens figuré, puisqu'il s'agissait de l'annonce officielle des services sociaux français que nous allions avoir un toit au-dessus de nos têtes.

Pour la première fois depuis bien longtemps, nous étions considérés comme des êtres humains sans cette étiquette « Rom » qui conditionnait toujours le traitement qu'on nous accordait.

Pour la première fois, les gens qui s'occupaient de nous ne faisaient pas la différence entre Rom et Roumain. Pour la première fois, on nous considérait autrement que comme de la vermine. Et c'était aussi la première fois depuis notre exil que les services sociaux étaient venus à nous spontanément.

Dans le camp de Craiova, les associations humanitaires s'étaient manifestées du bout des ongles parce que des journalistes occidentaux les avaient précédées, montrant la misère dans laquelle nous vivions, interrogeant et filmant des Roms. Mais, au final, les seuls à oser s'aventurer à Hanul Rosu, c'étaient les forces de l'ordre.

A Casilino, c'est aussi parce que des journalistes sont un jour venus nous filmer que les associations se sont déplacées pour nous distribuer des médicaments.

Dans tous ces camps, nous avons souvent entendu de beaux parleurs, de beaux discours pour dénoncer nos conditions de vie. Mais, dans les faits, il ne se passait rien. Alors là, et même s'il a fallu cette expulsion de l'immeuble, nous étions heureux de voir que les promesses allaient être tenues.

Un assistant social et un traducteur nous ont accompagnés à Valence. Sur la route, ils ont essayé de nous expliquer ce qui allait se passer. Ils disaient que nous pourrions aller à l'école. Maman a pleuré pendant tout le trajet.

Et puis nous avons vu le panneau VALENCE, le minibus s'est garé devant un grand bâtiment carré d'un étage qui ressemblait à une ancienne caserne, et on nous a dit : « C'est là ! »

Nous sommes descendus et avons été conduit à l'intérieur de l'immeuble, où l'on nous avait réservé un espace. C'était une seule pièce, très grande avec un coin cuisine, une table, des chaises, des lits pliants, des oreillers et des couvertures qui grattent. La douche et les toilettes se trouvaient au fond du couloir.

C'était propre, et nous avions enfin de l'eau, de l'électricité.

Retrouver une douche, quel bonheur ! C'était la première fois depuis notre départ de l'appartement. Même avant notre départ de Roumanie, je rêvais depuis toujours d'une vraie salle de bains, avec une baignoire, comme celles que j'avais vues à la télévision avant de quitter Craiova.

Mes parents m'appelaient « la précieuse » parce que je voulais me laver tout le temps. Même au camp, je faisais chauffer de l'eau pour la bassine dans laquelle nous faisions notre toilette.

Lorsque nous vivions à Casilino, ma mère, malgré les conditions, faisait tout pour nous garder propres. Chaque jour, elle lavait nos vêtements à la main et les faisait sécher dans la caravane parce que, dehors, parfois, le vent les faisait tomber dans la boue, et les rats allaient les renifler. A Valence, j'allais enfin pouvoir me laver !

Quatre à cinq familles vivaient dans cette caserne, une vingtaine de personnes en tout. Pour accéder à notre logement, nous devions monter quelques marches et arriver à une grande porte donnant sur le couloir.

Nous avons passé notre premier Noël en France, à Valence, en 1997. Ce jour-là, tous les Roms hébergés dans cette caserne ont mangé ensemble. Normalement, à Noël, dans la tradition rom, on fait des *sarmale* avec du chou blanc ou des feuilles de vigne. Mais, ce soir-là, au menu, il y avait… des pommes de terre ! Mais nous nous en fichions, car c'était déjà formidable d'avoir quelque chose dans nos assiettes.

Bien sûr, le père Noël n'est pas passé ! C'est la première fois qu'il ne passait pas. Les années précédentes, il nous avait toujours apporté un petit cadeau, à mes sœurs et à moi. Mais, honnêtement, le plus beau cadeau que nous pouvions espérer, n'était-il pas que nous soyons arrivés là, au terme de notre voyage, en France ?

En ce début d'année 1998, mes parents ont fait une première demande d'asile et attendaient impatiemment des papiers d'identité pour pouvoir quitter la caserne et aller travailler. Toutes choses qu'il nous était impossible de faire, car il était trop dangereux de sortir, de risquer de nous faire interpeller et de devoir nous justifier.

Nous avons donc dû rester deux à trois mois dans ce lieu. L'aide sociale nous apportait à manger, et nous ne sortions que quelques instants dans les espaces verts qui se trouvaient juste à côté.

On nous avait prévenus que cet hébergement était temporaire et qu'on allait essayer de nous trouver une place dans un vrai foyer, avec des chambres. Sachant que nous allions être pris en charge, nous attendions. Mais, paradoxalement, cette attente n'était pas difficile, car nous étions contents.

On avait l'impression d'avoir beaucoup de chance et d'être privilégiés. Mes parents ont eu la sagesse d'attendre que se mette en place ce qu'on nous avait promis. Ils faisaient confiance aux services sociaux qui les avaient déjà aidés.

Vivre ici, c'était presque le paradis, même si l'argent manquait et même si mon père s'ennuyait à rester inactif. Il ne s'était jamais retrouvé si longtemps sans rien faire, sans travailler. Alors, il a pris le temps de se plonger dans les livres pour commencer à apprendre le français. Il lisait tous les jours un livre différent, un magazine, une revue, un journal. Et, très souvent, il nous racontait des histoires. Il avait cette faculté de décrire des paysages et de mettre en scène des gens que nous connaissions, notre famille restée à Craiova, pour les faire revivre devant nos yeux. Car, sans qu'il nous le dise, sa famille lui manquait. Idem pour ma mère qui n'avait pas eu de nouvelles de ses parents depuis notre départ d'Italie.

Et, comme notre famille restée en Roumanie n'avait pas le téléphone, il était très compliqué de les appeler. Il nous fallait d'abord acheter une carte et trouver une cabine. Il fallait ensuite appeler un voisin et qu'il aille jusqu'à leur maison les chercher. Les premiers temps, nous avions de leurs nouvelles à peu près une fois par mois. Ils allaient bien. Nous avons aussi appris que, peu de temps après notre arrivée à Valence, Vasile et une partie de sa famille avaient été expulsés de Lyon. Ils avaient dû rentrer au pays et retourner dans la maison de grand-mère Cijmarita.

Nous, nous étions toujours en France, aux petits soins des services sociaux qui ont finalement pris la décision de nous faire reprendre la route et de nous envoyer plus au nord, à Mâcon. A notre arrivée, nous avons découvert le foyer qui allait nous héberger. Sur la porte, il était écrit FOYER DES JEUNES TRAVAILLEURS.

A notre descente de voiture, deux femmes très gentilles nous attendaient pour nous accueillir. Que d'égards pour nous, que de bienveillance pour mes parents si peu habitués à cela !

Nous avions obtenu, au rez-de-chaussée de ce petit immeuble, de quoi nous loger confortablement. Il y avait là deux chambres de chaque côté d'un petit couloir. De véritables chambres avec de vrais lits ! Une salle de bains avec une douche. Et une cuisine collective.

Tout était propre et, pour nous, l'ensemble respirait le grand luxe ! Nous allions avoir deux chambres, l'une pour mes parents, l'autre pour Anita, Maria et moi. Avec mes sœurs, j'ai rapidement été inscrite à l'école, qui n'était pas très loin. Si je savais presque parler italien, en français, c'était une autre affaire. Je savais dire « bonjour » et c'était à peu près tout.

A la maternelle à Craiova, j'avais bien appris une petite chanson française : « Petit Papa Noël, quand tu descendras du ciel… » Mais elle n'était pas facile à placer dans une discussion, surtout au printemps !

Je suis entrée en CP au mois de mars 1998. Anita s'est retrouvée en sixième au collège, et Maria, à la maternelle.

Au début, les choses étaient très difficiles. J'étais assise seule à une table et je ne comprenais rien. Je me contentais donc d'écouter et d'observer.

Les enfants, mes nouveaux camarades de classe, n'étaient pas très accueillants : comme je ne parlais pas français, ils me rejetaient, ne voulant pas jouer avec moi. Pourtant, j'ai tout tenté pour leur faire comprendre que je voulais être avec eux. A communiquer par les gestes, on aurait pu se comprendre, on aurait pu s'apprécier. Mais non ; comme je ne pouvais parler avec personne et que je ne comprenais pas grand-chose, je me suis vite retrouvée au ban de la classe.

Je me sentais encore plus exclue qu'à l'école de Craiova, parce que, là, je ne pouvais pas faire semblant d'être comme les autres. Les enfants se moquaient de moi et m'insultaient parfois – souvent, très souvent. Une fois, des garçons m'ont traitée d'idiote parce que je ne savais pas parler français. Ils faisaient preuve d'agressivité et d'une grande méchanceté avec moi.

Au bout de quelques semaines, j'ai pris mon courage à deux mains et j'ai réussi à leur répondre : « Je sais parler français, mais vous ne méritez pas qu'on parle avec vous ! » J'étais fière d'avoir pu dire cette phrase.

Mais cela ne les a pas calmés pour autant. Les brimades ont continué. J'encaissais, en silence, je n'en parlais pas à mes parents qui avaient bien d'autres préoccupations que ces problèmes d'enfants de huit ans. Tout ce que je voulais, c'était qu'on me respecte.

Je ne cherchais pas la bagarre, mais, au bout d'un moment, j'en ai eu plus qu'assez d'être mise à l'écart et rejetée en permanence. Alors, quand on m'attaquait, je me défendais. Il y a eu des tirages de cheveux entre filles, quelques bousculades, mais les choses ne sont jamais allées plus loin.

Quand j'ai commencé à mieux communiquer, je n'ai pas eu forcément beaucoup plus d'amis. J'avais tout de même trouvé quelques copines de classe qui acceptaient ma différence. Comme elles habitaient près du foyer ou qu'elles passaient devant tous les matins, nous faisions la route ensemble. Mais jamais je ne leur ai raconté ce que j'avais traversé avant d'arriver jusqu'ici.

Ma famille et moi sommes restés à Mâcon jusqu'au début de mon année de CE1. J'étais la seule étrangère dans l'école. Je n'étais pas devant en classe, mais plutôt à l'arrière, discrète, mais attentive.

A mon entrée en CE1, je parlais correctement le français, mais je n'étais pas encore à l'aise à l'écrit. Pour mes sœurs, c'était la même chose. Nous savions qu'il nous faudrait encore faire de nombreux efforts, mais nous étions heureuses de les faire, pour que nos parents soient fiers de nous.

Les fournitures scolaires nous étaient données par l'aide sociale et, pour les vêtements, maman nous avait emmenés dans un local où nous avions trouvé de vieux vêtements. C'était une vraie caverne d'Ali Baba : il y avait de tout, à moindre prix. Là-bas, des gens simples nous accueillaient, des gens prévenants qui portaient sur leur visage les traces d'une vie qui n'avait, pour eux non plus, sans doute pas été simple.

Nous étions chez Emmaüs. J'ai vu cette enseigne peinte sur le mur du bâtiment lorsque nous sommes sortis les bras chargés.

Je n’ai su que bien plus tard ce qu’était Emmaüs, qui était ce saint homme à la longue barbe, dont la photo était affichée partout dans le local.

Avec les quelques francs que nous avaient donnés les services sociaux, ma mère avait pu nous acheter d’autres vêtements, souvent trop grands, quelquefois trop petits, la plupart du temps démodés, ce qui me valait de nouvelles moqueries qui me blessaient. Forcément, je n’avais pas d’affaires de marque comme les autres enfants, je ne changeais pas de pantalon ou de robe tous les jours.

Mais mes parents faisaient avec leurs maigres moyens. Ils avaient un droit de séjour temporaire et, par conséquent, ils n’avaient toujours pas le droit de travailler, ce qui rendait mon père fou d’ennui.

Souvent, il s’arrêtait sur un chantier pour demander s’ils avaient besoin de main-d’œuvre, ou bien il allait au marché proposer son aide en échange d’une petite pièce.

Mais, sans titre de séjour, sans papiers, impossible de travailler légalement.

Là aussi, comme en Italie, mon père aurait pu céder à la tentation de trouver de l’argent de manière illégale. Mais, dans le pays des droits de l’homme encore moins qu’ailleurs, il ne voulait enfreindre la loi.

Alors, lorsque la demande d’asile effectuée par mes parents a été rejetée, le ciel leur est tombé sur la tête. Les autorités françaises considéraient que nous ne remplissions pas les conditions pour l’obtenir. La préfecture de Saône-et-Loire venait de rendre contre nous une décision d'expulsion.

Nous ne nous y attendions pas du tout. Cela ne pouvait pas être vrai, ne pouvait pas nous arriver. Pas maintenant et pas à nous !

D'autres Roms qui étaient hébergés dans la région étaient également soumis à la même décision irrévocable. Certains, plus chanceux, avaient encore un droit de séjour d'un ou trois mois, qu'ils devraient ensuite renouveler auprès de la préfecture.

Mais ce n'était pas notre cas : nous avions deux semaines pour quitter le Foyer des jeunes travailleurs, l'école et le territoire français.

C'est André, un assistant social qui s'occupait de nous depuis plusieurs mois, qui nous a annoncé la nouvelle. C'était quelqu'un de très humain qui cherchait tout le temps à nous aider.

Il a fait des efforts personnels, pris des risques, payé de sa personne pour nous, alors que, dans le cadre de son travail, il n'avait pas à le faire. Il a même essayé de déposer un recours devant le tribunal administratif. Mais la réponse est restée négative.

Nous avions l'impression que tout était fini. Mes parents avaient ce sentiment que notre intégration, qui n'avait pas été facile et qui commençait à prendre forme, se brisait complètement.

Avions-nous traversé toutes ces épreuves pour en arriver là ? Avions-nous fait tout cela pour rien ? Cela faisait mal.

Mes sœurs et moi commencions à parler parfaitement la langue du pays qui nous accueillait, et nous ne comprenions pas pourquoi on nous refusait le droit de rester ici.

Quant à mes parents, ils se sentaient impuissants et accablés.

Mais, une fois de plus, ils n'ont pas baissé les bras. Ils ont profité de ces deux mois de délai pour préparer notre départ, notre repli sur d'autres bases. Car il était hors de question de retourner en Roumanie.

Mon père avait réussi à économiser un peu d'argent à partir de l'aide sociale que nous touchions et des journaux pour les sans-abris que lui et ma sœur vendaient dans la rue.

Avec cette somme, il a acheté une camionnette, une vieille Renault Trafic blanche, qu'il a aménagée pour que nous puissions vivre dedans le jour où nous devrions quitter le foyer.

Puis, avec mes parents, nous sommes allés à l'école expliquer pourquoi nous devions partir. Je me souviens que le directeur de l'école avait été touché par notre histoire. La discussion a été chaleureuse, longue. Il aurait bien voulu nous aider pour le recours, mais il n'y avait rien à faire. Il ne comprenait pas que l'on puisse déscolariser des enfants ayant pourtant montré de belles aptitudes pour les études.

Je n'ai pas eu le temps de prévenir mes copines de mon départ. Nous avons quitté Mâcon un beau matin de janvier 1999.

Nous avons fermé la porte du foyer, mis dans la camionnette les rares affaires que nous possédions et avons quitté cette ville que nous avions pourtant trouvée si accueillante.

Cette fois-ci, j'ai emporté mon cartable.

IV

Nous sommes arrivés à Bourg-en-Bresse une heure plus tard.

C'était une grande ville. Nous roulions sur les boulevards quand, d'un coup, mon père a arrêté son fourgon. « Regardez comme c'est beau ! » s'est-il écrié.

Il venait d'apercevoir le monastère royal de Brou et sa haute toiture de tuiles vernissées et colorées. Nous nous sommes longuement arrêtés devant ce bijou d'architecture. Avec toutes les histoires que m'avait racontées mon père lorsque j'étais toute petite, je mettais enfin une image sur ces grands châteaux, sur ces immenses cathédrales qu'il me décrivait. Aujourd'hui, chaque fois que je passe devant ce monastère, je ne peux m'empêcher de repenser à ce jour-là, à cette première journée à Bourg-en-Bresse.

Ce n'est pourtant pas à proximité de ce lieu que nous avons posé nos valises. Papa venait de garer la camionnette à côté de la place du marché. Là, nous serions en sécurité et proches du centre-ville, où il est plus facile de trouver du travail. Et, en effet, mon père s'est vite débrouillé pour vendre de nouveau des journaux et ainsi gagner un peu d'argent. Mais comme nous n'avions plus d'aides financières des services sociaux et qu'il fallait plus que quelques pièces pour nourrir la famille, ma mère a de nouveau fait la manche.

Elle y est d'abord allée seule pour nous protéger. Mais, comme elle ne voulait pas nous perdre de vue plus de dix minutes et qu'elle ne voulait pas nous laisser toutes seules dans la camionnette, ma petite sœur et moi l'avons accompagnée.

Je ne voulais pourtant pas retourner faire la manche, je ne voulais pas revivre ce que j'avais vécu en Italie. Je ressentais encore plus fortement la gêne et la honte, d'autant qu'ici, en France, je comprenais ce que les gens disaient lorsqu'ils passaient devant nous.

Je me sentais mal. Je trouvais, et je trouve toujours, qu'il n'y a pas plus humiliant que d'être dans cette situation. Ce qui me mettait encore plus en rage, c'est que je savais que ma mère en souffrait beaucoup.

Quand nous entendions certaines personnes nous dire que faire la manche, c'est la facilité, nous n'avions qu'une envie : leur répondre que ce n'était pas un plaisir, mais une nécessité, que cela répondait à un instinct de survie et que nous n'avions pas le choix, car on nous interdisait de travailler. Je n'aurais jamais fait la manche si j'avais pu avoir un autre choix.

Cela fait mal de se retrouver dans pareille situation, c'est une blessure que l'on inflige à son orgueil. Le regard des autres est suffisant pour blesser. Il n'y a pas besoin de mots, pas besoin de gestes, un regard suffit.

Peut-être qu'à cause de cela, je n'aime pas que l'on soit condescendant à mon égard, que l'on ait pitié de moi, que l'on me plaigne. Je déteste ça.

Mais voilà : nous faisions ce qu'il fallait pour survivre, sans voler.

Le temps nous paraissait être une éternité, d'autant que, quand on est sur le trottoir, on ne fait que penser. A Rome, j'étais trop jeune pour penser. A Bourg-en-Bresse, je prenais cela en pleine figure, surtout après avoir goûté de nouveau un court moment à un semblant de vie sociale. Sur le trottoir, maman pleurait souvent. Elle se sentait impuissante, sans ressources. Je voyais qu'elle était plus fatiguée aussi.

De longues journées dehors sur le trottoir à mendier, ce n'était pas une vie pour elle, surtout quand les commerçants de la place du marché n'étaient pas tendres avec nous ou que les policiers nous ordonnaient, parfois avec violence, de quitter les lieux.

Un jour, maman faisait la manche avec Maria dans ses bras. Les policiers lui ont demandé de partir et, comme ils voyaient qu'elle avait du mal à se lever, ils l'ont aidée, à leur manière. Ils l'ont fait monter dans leur voiture et sont partis à plusieurs kilomètres de là, la laissant en pleine forêt, son enfant dans les bras.

J'avais mal pour ma mère, la meilleure maman du monde, une femme au courage extraordinaire, adorable avec nous dans les moments les plus difficiles, cherchant toujours à nous protéger, à nous donner le meilleur, se sacrifiant pour nous. La voir ainsi humiliée était déchirant. Je ne voulais plus jamais la voir comme ça. Papa l'avait ressenti également. Où était-elle, cette belle France, ce pays qui nous avait tant fait rêver ?

Loin, très loin. Cette situation n'était pas tenable très longtemps. Papa envisageait même l'éventualité de quitter la France.

A cette période, mes parents étaient tout le temps inquiets, au point qu'ils se disputaient quelquefois sur ce qu'ils allaient faire, sur ce qu'ils devaient faire. Quand rien ne va, cela crée des tensions. Nous, les enfants, nous les ressentions. Mes parents étaient moins proches l'un de l'autre. Bien sûr, ils n'avaient jamais été très démonstratifs sur leur amour qu'ils ne montraient pas devant nous ni devant les autres, par pudeur, par respect. Je n'ai pas le souvenir de les avoir vus s'embrasser une seule fois, ce que je comprends, car cela fait partie de ma culture. C'est la même chose pour ma grande sœur, qui est mariée depuis quelques années maintenant. Il n'y a pas de doute sur le fait qu'elle et son mari s'aiment, mais, par pudeur, ils ne le manifestent pas en public. Les Roms ont une conception de la famille bien ancrée dans la tradition.

Chez nous, on respecte les anciens et la famille. Ce n'est pas propre seulement à notre famille, mais à notre communauté. Le père est le détenteur de l'autorité ; traditionnellement, la place de la femme est à la cuisine et avec les enfants. C'est lui qui décide, même s'il consulte sa femme auparavant. Cela tend à changer, heureusement ; de plus en plus, les couples prennent les décisions ensemble.

Dans le cas de mes parents, toutes les décisions importantes, comme partir de Roumanie, quitter Rome, ou prendre le camion, ont été prises à deux. Il est vrai que notre famille est très ouverte, et mes parents ont un état d'esprit un peu occidental. Sans doute grâce aux études qu'il a faites, mon père a intégré un rôle de la femme différent. Il prenait en compte l'avis de ma mère, bien plus que d'autres Roms ne le faisaient avec leur épouse.

Son père, avant lui, avait fait des études. Ils n'étaient pas renfermés sur les traditions de notre communauté. C'est sans doute ce qui a poussé mon père à toujours vouloir que nous fassions des études, à rester dans le droit chemin, à avoir une vie plus évoluée, plus « occidentale » et qui nous a conduits là où nous sommes aujourd'hui. Mais, avant d'en arriver là, il a fallu vivre de longues semaines dans cette camionnette, installée le plus souvent sur le champ de foire. Mon père devait pourtant la déplacer de temps en temps afin d'éviter les problèmes.

C'est à l'intérieur, le soir, que nous nous retrouvions après une journée difficile. Nous utilisions les sanitaires du champ de foire, et la toilette se faisait à l'ancienne, avec une bassine et de l'eau que nous faisions chauffer.

Le soir, mon père était fatigué. On voyait bien qu'il n'était pas très joyeux, mais il essayait de nous faire rire lorsque nous étions réunis dans le camion. Il nous racontait des histoires tandis que maman préparait le dîner.

Les personnages de ses histoires étaient des membres de la famille, dont il exagérait les défauts. Il nous racontait par exemple des anecdotes sur les bêtises que pouvait faire mon oncle Gari, connu pour être un fêtard. Nous rigolions beaucoup de ces pitreries qui nous changeaient d'un quotidien de plus en plus difficile à supporter, surtout pour maman.

Heureusement, quelques jours plus tard, un matin d'avril 1999, maman a fait une rencontre qui a bouleversé notre vie.

Depuis plusieurs semaines, chaque mercredi, jour de marché, une femme lui donnait une pièce ou deux. Mais, ce matin-là, elle s'est penchée vers ma mère, s'est agenouillée devant elle et, en lui déposant son offrande, elle lui a dit : « *Romania.* »

Je n'étais pas présente ce matin-là auprès de ma mère, mais on m'a raconté plus tard qu'à ce moment précis le visage de maman s'est illuminé. Elles ont ensuite tenté de débuter un dialogue, mais maman ne parlait pas un mot de français. Si seulement j'avais été là ! Malgré tout, par les gestes et par les attitudes, elles ont fini par se comprendre. Cette femme distinguée avait en quelques secondes analysé notre situation et compris qu'il y avait urgence.

La semaine suivante, elle est revenue, accompagnée par son fils. Et cette fois-ci, j'étais là ! Lui aussi s'est baissé vers nous pour nous donner la pièce et quelques fruits. Il a aussi lancé un grand bonjour. Là, j'ai vu un immense sourire illuminer le visage de maman, heureuse qu'un gamin français ne la considère pas comme une moins que rien.

Je leur ai alors raconté notre histoire avec les quelques mots de français que je connaissais. La dame m'a dit qu'elle s'appelait Jacqueline, que son fils se prénommait Alexis. Elle m'a aussi expliqué qu'elle était souvent allée en Roumanie avec son mari, qu'elle connaissait notre pays, notre peuple.

Pour elle, nous n'étions ni roumains ni roms, nous étions des gens dans le besoin, abandonnés de tous et devenus miséreux. Ma mère lui avait expliqué par les gestes l'endroit où l'on vivait. Le lendemain fut un grand jour pour nous. Madame Jacqueline venait nous rendre visite ; elle voulait nous rencontrer chez nous, dans notre camion, loin du trottoir où nous faisions la manche. C'était un jour où il pleuvait des cordes. C'était un matin. Je m'en souviens très bien.

Maman nous avait réveillées, mes sœurs et moi, et nous avait faites toutes belles. Elle avait aussi fait le ménage dans la camionnette et préparé du chocolat chaud. Maria et moi dessinions sur nos cahiers quand madame Jacqueline est arrivée.

Elle était très souriante, mais on voyait aussi qu'elle était très émue d'être dans ce qui tenait lieu de chez-nous, si misérable fût-il. Elle a bu un chocolat avec nous et nous a ensuite demandé si nous étions déjà allées à l'école.

« Bien sûr, lui ai-je répondu. Mais moi, je ne veux plus y aller. Ma maîtresse à Mâcon m'a dit que j'étais bête, que je n'arrivais pas à lire. »

Madame Jacqueline m'a alors regardée ; elle a scruté nos cahiers avec des larmes dans les yeux et, de sa douce voix, elle m'a répondu : « Moi, je vais t'apprendre à lire. » Puis, se tournant vers Maria, elle lui a assuré : « A toi aussi, ma jolie. »

Dans les semaines qui ont suivi, j'en ai passé des heures et des heures sur les genoux de Jacqueline ! Moi sur le genou droit, Maria sur le gauche, et Jacqueline qui nous faisait la lecture, qui s'arrêtait sur chaque mot. Pour mieux que l'on comprenne, elle lisait avec son doigt qu'elle faisait glisser sous chaque syllabe.

Et puis elle avait aussi dit à ma mère de corriger les fautes sur l'écriteau qu'elle mettait devant elle lorsqu'elle faisait la manche. « Non, Constanta, "manjé", ça ne s'écrit pas comme ça. »

Rapidement, Jacqueline et Pierre, son mari, ont décidé d'aller avec nous voir Médecins du Monde. Il y avait urgence, selon elle. Maria et moi souffrions de problèmes respiratoires. Il fallait nous soigner. Elle nous a ensuite amenés dans une association d'insertion aujourd'hui disparue, où l'on nous a donné des vivres.

Puis elle a accompagné mes parents dans le bureau d'une assistante sociale qui a appelé tous les logements sociaux. Cette femme a expliqué notre situation, notre vie dans la rue, disant que nous n'avions rien et que notre famille vivait avec trois enfants dans un fourgon. On lui a répondu : « Renvoyez-les d'où ils viennent. »

Elle a refusé de faire cela, disant que son métier consistait à aider les gens et qu'elle ne pouvait pas nous laisser dans cette situation.

Alors, au moment où le mari de Jacqueline a accompagné mon père à la préfecture pour qu'il fasse sa première demande de permis de séjour, cette femme nous a trouvé une chambre dans un hôtel de Bourg-en-Bresse. Nous y sommes restés une semaine.

C'était beaucoup plus confortable. Tellement confortable et tellement plus douillet que le fourgon que, quelques semaines plus tard, nous avons vu le ventre de maman prendre des rondeurs !

Après ce premier hôtel, la responsable de l'association humanitaire nous a trouvé une autre chambre, dans un autre hôtel. C'était beaucoup moins bien, mais nous avions un toit. Dans cet établissement miteux, il y avait des traces d'humidité sur les murs, une odeur infecte, des couvertures déchirées et des cafards qui couraient sur les murs. La nuit, ma mère ne dormait pas : elle veillait sur nous en chassant les insectes pour qu'ils ne viennent pas sur nous.

L'hôtel disposait d'un abri pour les voitures, dans lequel les propriétaires avaient entreposé des affaires. Ma mère a demandé si nous pouvions y avoir accès. Les gérants ont accepté. Nous avons poussé les meubles dans un coin et avons fait de ce garage ouvert une cuisine d'appoint, avec une table et des fauteuils. Madame Jacqueline venait nous y voir avec ses enfants, Alexis et Amélie. Avec le temps, nous sommes devenus de véritables amis.

Jacqueline et Pierre étaient tous les deux dans l'enseignement. Mes parents doivent beaucoup à cette femme et à cette famille, la famille La Fontaine.

Depuis toutes ces années d'ailleurs, Jacqueline considère ma mère comme sa sœur. Nous n'oublierons jamais tout ce qu'elle a fait pour nous.

Dans cette nouvelle vie qui s'offrait à nous, mon père continuait pourtant à vendre des journaux dans la rue, et ma mère, à faire la manche, même si cela devenait de plus en plus contraignant pour elle.

Malgré le soutien sans faille que nous apportaient Jacqueline et son mari, malgré les nombreuses démarches effectuées, mon père n'avait toujours pas le droit de travailler légalement sur le territoire français. Pourtant, lorsque je regardais les annonces d'emploi dans le journal local qu'on trouvait chaque matin à l'hôtel, j'en voyais qui auraient pu lui convenir. Mais, pour cela, il lui fallait obtenir ce fameux titre de séjour.

Grâce à l'aide de la famille La Fontaine, grâce notamment à monsieur Pierre qui avait assisté mon père dans toutes les formalités administratives, nous avions déposé en préfecture une demande d'asile différente de la précédente. Celle-ci, contrairement à celle déposée en Saône-et-Loire, n'était pas politique, mais basée sur des critères sociaux. Nous avions cette fois-ci bon espoir qu'elle aboutisse. Mais il fallait attendre ! Toujours, encore. Et, pendant ce temps, il fallait continuer à survivre avec le peu que nous avions ou les rares denrées et vêtements que l'on nous donnait.

Dans cette même période, nous avions aussi eu la chance de rencontrer une autre personne qui a beaucoup fait pour nous. Marie-Claude Gimet était infirmière libérale et avait été touchée par Anita, cette gamine de quatorze ans qui vendait des journaux au lieu d'aller à l'école.

Au départ, elle était un peu remontée contre elle quand elle la croisait dans la rue ou sur la place du marché : « Pourquoi tes parents te laissent faire ça ? Pourquoi tu ne vas pas à l'école ? C'est inacceptable. »

Ma sœur lui avait alors expliqué que nous n'avions pas le choix, que, sans papiers, on ne pouvait pas travailler et qu'elle faisait ça pour vivre et pour aider ses parents.

Marie-Claude, qui est également une femme au cœur en or, a pris de son temps pour s'occuper de nous.

Comme elle savait que la démarche que nous avions entreprise en préfecture pouvait durer des années, elle a pris l'initiative d'aller voir le député de Bourg pour lui parler de notre situation et lui demander s'il pouvait faire quelque chose pour nous. Puis elle a envoyé une lettre au maire, au président de la République… Elle a fait le maximum, tout ce qu'elle pouvait.

Elle a aussi été très présente sur le plan affectif et l'a toujours été pendant les années qui ont suivi. Elle passait souvent nous voir, s'inquiétait de notre santé, de celle de maman et du bébé qu'elle portait. Et puis, quand elle voyait que nous n'avions plus rien à manger, elle allait au supermarché pour nous.

Je ne remercierai jamais assez Dieu de nous avoir mis sur le chemin de ces deux familles burgiennes. Quand j'y pense aujourd'hui, je suis persuadée qu'être venus à Bourg-en-Bresse fut la meilleure chose qui ait pu nous arriver. Papa avait bien choisi. Je suis certaine aujourd'hui que, si nous étions restés dans une plus grande ville, nous aurions été cantonnés dans des foyers ou, pire encore, dans des camps, sans solution, sans espoir d'en sortir.

Etre arrivés à Bourg, petite ville à taille humaine, nous a permis de trouver les bonnes personnes, les bons interlocuteurs. Ici, tout le monde se connaît. Allez donc dans la rue demain ou après-demain et demandez à quelqu'un : « Vous connaissez madame Jacqueline ? », je suis convaincue qu'on vous répondra : « Bien sûr ! L'ancienne institutrice ! »

Nous avions adopté Bourg-en-Bresse ; il fallait maintenant que Bourg-en-Bresse nous adopte.

Ce fut fait à l'automne 1999, quand, après nos quelques mois passés à l'hôtel, les services sociaux de la commune nous ont annoncé qu'ils nous avaient trouvé une place en HLM, dans le quartier du Pont-des-Chèvres, rue Georges-Loiseau.

Ce jour-là, papa a téléphoné au pays pour annoncer la nouvelle. Il était fou de joie !

Maman a également pu parler à ses parents qui étaient heureux pour nous. Elle leur avait même promis que, dès que nous le pourrions, dès que nos papiers seraient en règle, dès que nous aurions de l'argent, nous allions leur rendre visite.

Dans cette euphorie non dissimulée, nous avions demandé à Jacqueline de venir visiter notre nouveau logement, notre foyer, à notre nom. L'appartement situé au troisième étage comportait une entrée, un salon, une cuisine, deux chambres et une salle de bains. Oui, il y avait une salle de bains, une vraie, avec une baignoire enfin ! C'était la première fois depuis très longtemps, depuis Craiova, que nous retrouvions un véritable appartement pour toute notre famille.

Entre ces deux dates, il s'était écoulé plus de deux ans. Deux ans de galère. Deux ans de misère. Dès lors, la vie a commencé à s'organiser, petit à petit.

Nous n'avions pas beaucoup de meubles dans notre appartement, mais la générosité de Marie-Claude et de Jacqueline nous a permis de rapidement vivre dans un confort que nous n'avions jamais connu.

Tout devenait plus simple et tout l'est devenu encore plus lorsqu'un soir Marie-Claude Gimet et son mari Armand sont venus nous annoncer la bonne nouvelle. Leurs démarches auprès de la préfecture avaient abouti et, quelques jours plus tard, le facteur a déposé dans notre boîte aux lettres la première carte de séjour, avec le tampon de la République française.

Ce jour-là, maman a fait un bon repas, papa a bu un verre de vin, et nous avons eu droit à quelques barres chocolatées.

Au début, nous avons eu une carte de séjour d'un mois. Puis elle fut de trois mois. Et quand notre père en a reçu une d'une validité d'un an, nous avons commencé à nous sentir mieux. C'était une carte de résident, qui lui donnait le droit de travailler.

Mon père a alors trouvé un emploi dans une association d'insertion spécialisée dans l'entretien des espaces verts. Ma petite sœur et moi sommes allées à l'école, et ma grande sœur a suivi des cours de langue et quelques petites formations. Elle avait mal vécu l'insertion un peu forcée au collège à Mâcon, où les enfants avaient été encore plus brutaux qu'avec moi. Cette année avait été très difficile pour elle.

Et puis, à l'approche de l'hiver, la famille s'est agrandie. Maman a donné naissance à une petite Française, ma petite sœur. C'était le 18 décembre 1999. Et comme elle était le premier enfant de la famille à voir le jour sur le sol français, mes parents lui ont donné un prénom authentiquement français : Marie-Amélie. Je pense aussi qu'ils espéraient qu'avec ce prénom, elle serait moins victime de discrimination que si elle s'était appelée Camelia, Andréa ou… Anina.

La naissance de Marie-Amélie apporta beaucoup de joie dans notre famille. Ce fut un grand bonheur pour nous tous. Elle était si petite, si jolie. Souvent, maman me disait de la prendre dans mes bras, mais je n'osais pas. J'avais peur de lui faire mal, je ne voulais pas qu'on lui fasse du mal.

Plus tard, j'ai été beaucoup plus maternelle avec elle. C'était ma petite sœur chérie. Souvent, je jouais avec elle en rentrant de l'école ; souvent, je l'ai accompagnée à la maternelle.

Et très vite, elle aussi, a été victime de remarques désobligeantes. Cela me faisait mal pour elle. Pourtant, elle parlait un français parfait, sans aucun accent et elle était née en France. Mais, comme elle était mate de peau, qu'elle avait de grands yeux noirs, de longs cheveux noirs, les autres enfants l'ont vite traitée de « petite Tzigane ».

J'étais choquée. J'avais l'impression de me retrouver en elle quelques années plus tôt. C'était de la discrimination au faciès, c'étaient des mots d'enfant très crus, très blessants. Et comme j'avais vécu les mêmes choses à son âge, je ne voulais pas cela pour elle. Je voulais qu'elle joue avec les autres enfants, qu'elle ait des copines, qu'on ne la traite pas comme une pouilleuse. C'est souvent ce mot que j'ai entendu à la sortie de l'école lorsque j'allais la chercher. Elle non plus n'avait pas les vêtements de marque, le cartable comme il faut, les chaussures à la mode.

Je trouvais que c'était encore plus injuste pour elle que pour moi. Elle était née en France, à Bourg-en-Bresse ; je ne voyais pas pourquoi elle était rejetée.

Mais, grâce à sa force de caractère, elle s'est adaptée, comme nous, ses grandes sœurs. Et, comme moi, elle a commencé à se battre au quotidien pour éviter de se sentir exclue. Elle a aussi entamé un parcours scolaire encourageant. Aujourd'hui, elle est en cinquième et, l'an passé, elle a remporté le premier prix d'un concours d'anglais qui était organisé dans le collège. Souvent, elle nous dit, à Maria et moi : « De toute façon, papa n'a d'yeux que pour vous, papa n'a d'yeux que pour votre réussite à l'école. Moi aussi je vais réussir, moi aussi je veux faire aussi bien que vous. »

J'espère sincèrement qu'elle arrivera également à faire de belles études. Elle le mérite, notre petite

Française ! Car, même si elle a appris la langue rom en nous côtoyant, elle s'exprime presque mieux que certains Français. Et elle met un point d'honneur à toujours bien formuler ses phrases.

Mes parents ne lui ont jamais raconté en détail notre parcours ; c'est leur façon à eux de la protéger. Mais elle a tout de même une vague idée de tout ce que nous avons vécu. Elle est toujours très attentive lors des discussions familiales. Elle nous questionne aussi très souvent en nous demandant : « Mais au fait, en Italie, comment c'était ? »

Elle est curieuse, comme tous les enfants de son âge qui posent beaucoup de questions. Mes parents ou moi, nous lui répondons toujours à demi-mot, sans insister sur les détails. Je suis contente que ma petite sœur n'ait pas eu à vivre cela ; elle a eu cette chance d'être épargnée par la misère.

Mais je trouve aussi qu'elle est une petite fille très mature qui comprend les difficultés que mes parents vivent au quotidien. Et à son âge, c'est rare.

Nous étions donc désormais cinq bouches à nourrir. Papa travaillait beaucoup, enchaînant les boulots plus ou moins bien payés. Après les espaces verts, il a livré des journaux, puis il est entré aux abattoirs de Bourg. Et chaque soir, nous le voyions revenir de plus en plus fatigué, de plus en plus usé.

De mon côté, j'étais entrée à l'école Charles-Jarrin. J'ai eu la chance de tomber sur une maîtresse très gentille en CE1. Elle avait une fille, Claire, qui était dans ma classe et est vite devenue ma copine. A l'école, j'ai appris à écrire et à lire assez rapidement, et j'ai rattrapé mon retard, car j'étais restée plus d'une année sans être scolarisée.

Fort heureusement, Jacqueline a assuré les devoirs d'écriture et de lecture pendant plusieurs mois, ce qui m'a permis de me replonger dans le système, de retrouver des bases de vie plus dignes.

Rapidement, j'ai été très bonne dans toutes les matières, même en français. Alors résonnait en moi la phrase que m'avait lancée l'institutrice de Mâcon : si j'avais pu aller la voir pour lui montrer que, désormais, j'étais une bonne élève et que je savais lire, je crois que je l'aurais fait. J'espère aussi qu'elle lira ce livre et qu'elle se souviendra de moi. C'est en quelque sorte ma façon à moi de me venger, de lui dire qu'il ne faut pas être inutilement méchant avec les enfants, surtout quand ils arrivent d'un autre pays, qu'ils parlent à peine la langue et tentent de s'intégrer.

L'école me plaisait tellement, le français et l'histoire notamment, que je me suis vite passionnée pour l'apprentissage du savoir. Comme tout fonctionnait bien, que mes notes et mes appréciations étaient bonnes, j'ai même sauté le CM1. Cette année-là, le directeur avait demandé à voir mes parents pour les féliciter et leur dire que cela se passait très bien, que mon processus d'intégration était très encourageant.

Pour les études seulement… Car, avec les autres enfants, ma sœur et moi nous sentions encore un peu rejetées. Nous ne nous fondions pas encore dans la masse, nous étions toujours perçues comme des étrangères, même si, au fil du temps, nous le ressentions de moins en moins et que je me suis peu à peu liée d'amitié avec Cindie, que je côtoie toujours aujourd'hui.

Quoi qu'il en soit, j'aimais l'école. Chaque matin, j'y allais avec le sourire et, chaque soir, je ne parlais que de cela à la maison. C'était aussi une façon pour moi d'échapper à cette vie dont le quotidien n'était pas tout rose. J'avais également une féroce envie de montrer que, bien que roumaine, je n'étais pas forcément une voleuse, une fille malhonnête, à qui la réussite aurait été interdite.

Maïté, l'une de mes copines de l'époque, devenue depuis ma meilleure amie, me répétait souvent : « Ce qu'ils disent, tu t'en fous. Tu vaux mieux qu'eux. » Ses mots, je les ressentais, mais je ne pouvais pas les intégrer, les exprimer. Il m'a fallu attendre longtemps pour y parvenir.

Avec la naissance de Marie-Amélie, nous n'avons pas beaucoup fêté Noël cette année-là. Seule Jacqueline nous avait gâtées de quelques friandises.

Mais, peu importe, c'était elle notre cadeau. Elle apportait tellement de bonheur dans notre famille. Le seul manque, peut-être, était de ne pas encore avoir pu la présenter au reste de la famille, à Craiova.

Mais cela fut fait l'année suivante. Marie-Amélie venait alors tout juste de souffler sa première bougie.

Comme nos grands-parents nous manquaient et que le salaire de papa avait permis d'acheter des billets d'avion, nous sommes retournés en Roumanie.

Je croyais que c'était mon cadeau d'anniversaire ! J'étais très heureuse de les revoir tous, grand-mère Cijmarita, pépé Ion et mémé Veta.

Mon père, qui ne pouvait pas partir avec nous, car il travaillait et ne voulait pas prendre le risque de perdre son emploi étant donné les difficultés qu'il avait eues pour en trouver un, nous avait accompagnées jusqu'à l'aéroport de Lyon.

Nous avons mis deux bonnes heures pour faire le trajet et trouver une place sur le parking. Puis plus d'une heure pour trouver le bon guichet, enregistrer nos bagages, passer la douane.

Je ne sais pas pourquoi, mais je n'avais pas tellement confiance en ces douaniers qui étaient là, près des portiques de sécurité. La dernière fois que nous en avions croisé, cela s'était plutôt mal passé…

Mais là, nous étions fiers de brandir nos cartes d'embarquement, nos papiers ! Destination : Bucarest.

Dans quel état allions-nous retrouver notre pays ? Nous avions entendu tellement de choses depuis notre départ. Que l'économie n'allait pas fort, que les violences se multipliaient, que la communauté rom était toujours aussi mal perçue et toujours aussi victime de discrimination.

Dans les minutes qui ont suivi, nous sommes enfin montées dans l'avion. C'était la première fois que je montais dans un tel appareil ; je crois même que c'était la première fois que j'en voyais un de si près. Il y avait comme une drôle d'appréhension qui montait en moi et je ne me sentais pas bien du tout.

J'ai d'abord eu très peur lorsque les moteurs se sont mis en route, lorsque l'appareil a accéléré. Et quand la lourde carlingue a quitté le sol, lorsqu'elle s'est cambrée pour monter dans le ciel, mon estomac s'est subitement retrouvé en apesanteur. J'avais très mal aux oreilles et j'avais froid.

Mais, au bout de quelques minutes, j'étais finalement ravie de contempler le paysage par le hublot. La France vue du ciel, c'était beau, tout vert, avec des champs partout qui formaient des petits rectangles bien ordonnés.

Je suis restée le plus longtemps possible le nez collé à la vitre. J'avais totalement oublié mes angoisses du départ, le stress du voyage et j'étais là, scotchée à ce hublot, voyant les nuages arriver, scrutant ce champ de coton dans lequel nous nous trouvions avant de redécouvrir le ciel, immaculé, tout bleu. Au-dessous de nous, il y avait un tapis blanc. Nous devions être très hauts, loin au-dessus des nuages.

Maria, assise à côté de moi, était tout aussi émerveillée par ce spectacle.

Après les montagnes et les paysages que nous avions traversés lors de notre périple entre l'Italie et la France, c'était une nouvelle découverte de ce que la planète peut offrir. Il y avait une telle quiétude dans ce que je voyais que je me suis souvenue des paroles que papa nous avait dites peu de temps après la mort de

Boana : « Il est monté au ciel. » C'est vrai qu'il devait être bien ici, mon grand-père. Paix à son âme.

A l'approche de Bucarest, je n'ai pas vu grand-chose de l'atterrissage, car il faisait presque nuit. A notre arrivée à l'aéroport, tout était défraîchi. En une seconde, nous avions la sensation d'avoir retrouvé la Roumanie. Et tout cela s'est confirmé en sortant de l'appareil. Le bus de la navette qui nous ramenait à la douane était vieux et tellement bondé que nous ne pouvions pratiquement pas respirer.

Oui, nous étions bien arrivés en Roumanie. Notre pays. Retour aux sources.

Avant de partir, mon père s'était assuré que nous pouvions nous y rendre sans risques. Nos billets étaient des allers-retours, et nos papiers français nous garantissaient de pouvoir regagner la France en toute quiétude.

Nous étions revenus pour la famille, pas pour le pays en lui-même. Nous savions que la Roumanie, même débarrassée de son dictateur, n'avait plus rien à nous offrir, à nous les Roms. Nous savions aussi que les habitants ne seraient pas très accueillants avec nous, que rien n'avait changé.

C'est mon oncle Vasile qui est venu nous chercher à l'aéroport avec mes cousins et mes tantes. Après leur expulsion de Lyon, où on leur avait refusé l'asile politique, ils s'étaient résignés à revenir chez eux, à finir leur vie à Craiova.

Ce furent de belles retrouvailles, très émouvantes, de grandes embrassades. Nous sommes quelquefois très excessifs dans les manifestations de nos sentiments, mais, en l'occurrence, cela se justifiait.

J'étais heureuse de revoir Tibi. Je l'aime tellement, Tibi, je tiens à lui comme à ce frère que je n'ai pas eu.

Les enfants de Vasile avaient beaucoup changé, et mon oncle lui-même avait également pris un coup de vieux. Mais nous étions tellement heureux de les revoir, et maman, si fière de leur présenter Marie-Amélie.

Il y a eu des larmes, beaucoup de larmes ce jour-là à l'aéroport et, ensuite, beaucoup de rires dans la voiture. Pourtant, le trajet pour rallier Craiova a été très difficile. C'était l'hiver, et les routes étaient tortueuses, avec de grandes flaques de boue. Nous avons mis près de quatre heures pour faire les 250 kilomètres qui séparent les deux villes.

Mes grands-parents, qui n'avaient pas pu faire le trajet, nous attendaient depuis de longues heures. Ils avaient préparé la *čorba*, le *sarmal*e et tout ce qu'il y avait de meilleur dans la gastronomie rom.

A notre arrivée, je suis restée longuement dans les bras d'Ion, mon grand-père. Il sentait toujours autant le tabac ; sa moustache était toujours aussi fournie.

Nous ne sommes restés que quelques jours à Fata Luncii. Nous n'avons d'ailleurs jamais quitté le quartier, passant de maison en maison, racontant toujours les mêmes histoires.

Et, comme tous les membres de ma famille restée en Roumanie savaient que j'avais de bons résultats à l'école, ils me demandaient chaque fois de leur parler français. J'étais fière de leur dire quelques phrases que seul Vasile comprenait.

Mes grands-parents nous ont aussi beaucoup questionnés sur notre voyage, nos conditions de vie en France. Nous leur avons dit la vérité sur ce que nous avions vécu sur la route, sur les conditions de vie en Italie. Ce jour-là, ils ont compris pourquoi nous ne les avions pas appelés plus souvent…

Le départ d'Hanul Rosu fut aussi émouvant que notre arrivée quelques jours plus tôt. Mais il fut beaucoup moins triste que celui du petit matin de juillet 1997.

A notre retour en France, des images plein la tête, nous avions beaucoup de choses à raconter à notre père : le voyage en avion, les nouvelles de la famille… Et puis, la vie a repris son cours normal.

Papa travaillait, maman avait trouvé quelques heures de ménage à faire par-ci par-là, et moi, j'ai repris le chemin de l'école, revigorée par ce voyage sur mes terres natales, un retour aux sources qui m'avait confortée dans l'idée que, malgré les difficultés, nous étions heureux d'être en France.

L'année suivante, comme j'avais sauté une classe, je me suis retrouvée en CM2. Une année scolaire malheureusement perturbée par un événement qui a bien failli changer le cours de ma vie. C'était le 31 octobre 2001, le soir d'Halloween. Avec Maria, j'étais partie faire la quête aux bonbons, comme tous les enfants. À un moment, nous avons pris le chemin en direction de chez une copine d'école qui voulait voir nos déguisements.

Ce soir-là, j'avais un masque de sorcière, un chapeau et une cape noire parsemée de grosses boules pailletées qui la rendait brillante et bien visible même dans l'obscurité !

Comme je le faisais chaque jour pour aller à l'école, j'ai traversé la route pour rejoindre la grande tour où habitait mon amie.

C'était au carrefour du Pont-des-Chèvres. J'étais sur le passage pour piétons. Il pleuvait énormément et il faisait nuit. J'ai traversé et puis… plus rien, je n'ai plus aucun souvenir des instants suivants.

Je venais de me faire renverser par une voiture qui avait surgi à vive allure. J'ai seulement en mémoire cette image du dernier moment, avant le choc.

Il paraît que j'ai été projetée à plusieurs mètres de l'impact et que le chauffard, sans scrupules, a continué sa route. Ma petite sœur a alors couru chercher mes parents, qui sont arrivés immédiatement.

Des témoins de la scène s'étaient arrêtés, avaient sécurisé les lieux, car j'étais au milieu de la chaussée, étendue, inerte. Je risquais de me faire écraser par d'autres voitures. Une ambulance, qui passait par là, s'est également arrêtée pour me prendre en charge. De cela, je n'ai aucun souvenir. Ce sont mes parents qui me l'ont raconté.

Je me suis réveillée dans l'ambulance. Il y avait beaucoup de gens autour de moi, et tout le monde avait l'air affolé. Maman criait. Papa pleurait. Moi, allongée dans cette ambulance, je me sentais comme ailleurs, ma tête tournait, je peinais à garder les yeux ouverts, j'avais mal au ventre, au dos, aux jambes.

Puis j'ai entendu les portières se refermer, j'ai perçu qu'il y avait moins de bruit autour de moi. Au-dessus de ma tête, je voyais vaguement un homme habillé de blanc. Il me parlait, mais je ne comprenais rien. J'ai senti la main de maman dans la mienne, sur mon front. Puis, plus rien. J'avais sommeil, j'étais tellement fatiguée.

Je me suis réveillée dans une salle du service des urgences de l'hôpital de Bourg-en-Bresse. Il y avait de nouveau beaucoup de monde autour de moi. Là, j'ai entendu une femme en blouse verte me demander mon nom, me dire que j'étais à l'hôpital, que tout allait bien, que j'avais eu un accident et que j'allais être opérée.

Effectivement, l'opération s'imposait et devenait urgente. Tout mon abdomen avait été touché. Sous la violence du choc, j'avais eu l'estomac éclaté, le foie et la rate perforés, des côtes et la clavicule cassées. J'avais mal. Très mal. Les médecins craignaient une grosse hémorragie interne.

Maman était totalement sous le choc et désespérée. Elle avait cessé de crier, mais elle pleurait et s'inquiétait beaucoup, car elle ne comprenait pas ce que les infirmières et les médecins lui disaient.

C'est moi qui ai finalement rassuré mes parents avant qu'on ne me dirige vers le bloc opératoire. Je me souviens de leur avoir dit : « Ne vous inquiétez pas, je vais me faire opérer. Ce n'est pas grave. »

Je revois ce long couloir qui conduisait vers la salle d'opération ; je me souviens du regard de maman lorsque les infirmiers m'ont emmenée, je sens encore sa main glisser de la mienne et son beau visage s'éloigner.

Je suis entrée dans cette vaste pièce froide, où il y avait de grandes lumières bleutées. Et un monsieur m'a demandé si je savais compter. J'ai répondu oui.

J'ai dû compter jusqu'à trois, je crois. La suite, je ne m'en souviens pas.

Je suis restée hospitalisée deux semaines dans le service de réanimation, sous surveillance permanente. Il paraît que ma vie ne tenait qu'à un fil. Je n'en ai aucun souvenir.

Je suis ensuite restée près de trois semaines à l'étage chirurgie. Je ne me suis pas rendu compte que j'étais passée à deux doigts de la mort. Oui, ce soir-là, sur cette route, du haut de mes onze ans, j'ai failli mourir. Ce sont les médecins qui m'ont dit que j'avais eu de la chance de me réveiller après l'accident. Ils m'ont surtout dit que le fait d'avoir été prise en charge rapidement par l'ambulance qui passait à ce moment-là sur les lieux avait été déterminant. Je n'en ai pris conscience que bien plus tard, car mon rétablissement fut certainement plus douloureux que le choc lui-même.

En effet, après l'opération, on m'a donné de la morphine presque tous les jours pendant un mois à cause des douleurs. Je ne pouvais penser à rien ; j'essayais simplement d'encaisser.

Maman passait la plus grande partie de son temps avec moi et dormait même dans la chambre, à mes côtés, le plus souvent dans un fauteuil. Un autre de ses nombreux sacrifices pour moi.

Pendant cette longue période durant laquelle j'ai été hospitalisée, Marie-Claude Gimet, son époux Armand, ainsi que la famille La Fontaine sont venus me rendre visite très régulièrement.

Ils m'ont apporté, ainsi qu'à mes parents, le soutien chaleureux d'une vraie famille. Et cela, nous ne l'oublierons pas.

De même, nos amis ou de simples connaissances roms vivant à Bourg-en-Bresse et Lyon, sont souvent venus à l'hôpital, car c'est là encore un trait propre à mon peuple : dans les moments difficiles, nous faisons corps et preuve de solidarité, les querelles ou les rancœurs sont oubliées, et tous les Roms s'entraident.

Pendant ces semaines à l'hôpital, j'avais envie de rentrer chez moi et de reprendre ma vie d'avant. L'école me manquait. Cet accident était une coupure, un moment très difficile pour nous tous.

C'était d'autant plus dur pour mes parents que la voiture qui m'avait percutée ne s'était pas arrêtée. Mais des témoins avaient relevé la plaque, la marque de la voiture.

L'homme, habitant de Bourg-en-Bresse, m'avait immédiatement accusé d'avoir traversé lorsque le feu était vert pour les voitures. Ce qui était totalement faux. Malgré la pluie, nous avions suivi les recommandations de mes parents de traverser seulement quand le feu piéton était au vert. Et comme mes parents ne voulaient pas porter plainte de peur d'éventuelles représailles, le conducteur, un notable de la ville, n'a jamais été inquiété.

Mes parents ne voulaient pas se venger, ne voulaient pas que cet homme soit puni, car ils étaient conscients qu'il n'avait pas souhaité cet accident et que cela peut arriver à n'importe quel conducteur.

En revanche, ce qui les a choqués, c'est que ce type n'ait fait montre d'aucun signe d'intérêt pour l'enfant qu'il avait grièvement blessée. Jamais il n'est passé à l'hôpital, jamais il n'a même donné un simple coup de fil pour savoir si j'étais morte ou vivante. Sa bassesse l'a cependant conduit à m'accuser d'avoir endommagé gravement son radiateur (ce qui montre, au passage, la violence du choc) et l'a fait payer à mon assurance scolaire...

Cette injustice a décuplé mon envie de réussir pour qu'un jour il y ait une vraie justice dans la vie de mes parents et dans la mienne.

Malgré ces longues semaines d'hospitalisation et de rééducation, j'ai tout de même été admise en sixième à l'issue de mon année tronquée de CM2.

A mon entrée au collège Louis-Amiot, j'ai pris anglais en première langue. J'ai toujours eu des facilités en langue et, à l'époque, je parlais roumain, rom, français et un peu d'italien. En cours d'anglais, tout le monde voulait d'ailleurs copier sur moi pour avoir de bonnes notes ! Monsieur Brevet, le professeur d'anglais que j'ai eu en sixième et cinquième, était le frère de madame Jacqueline. Il était très content de moi et montrait mon cahier en exemple à la classe.

Bien sûr, je me sentais gênée, mais c'était aussi un peu ma façon à moi de dire que j'étais comme les autres, surtout que l'on continuait à me parler de mes origines et que, dans l'actualité, des Roumains étaient mis en cause pour certains délits.

Là, certains élèves du collège ne pouvaient s'empêcher de m'envoyer quelques réflexions qui me blessaient et m'agressaient : « Ton père à toi aussi, il fait du trafic de prostituées ! »

Tous les faits divers relatés dans la presse écrite ou à la télévision créaient dans leur tête des images de la Roumanie : le vol, la prostitution, la manche.

J'avais l'impression que c'était la seule chose qu'ils connaissaient de mon pays et de ma communauté. Au début, je réagissais, mais j'ai vite joué l'indifférence, car j'ai compris que c'était la meilleure arme pour les faire taire.

Comme cela ne me touchait pas, au bout d'un moment, ils ont cessé leurs remarques. Répondre : « Ben non, on n'est pas tous pareils » ou « Tu ne les connais pas » à des collégiens m'aurait contraint à tout expliquer, et je ne suis pas certaine qu'ils auraient fait l'effort de comprendre.

Alors, j'en riais quelquefois avec eux pour leur montrer que cela ne me touchait pas. Je choisissais de pratiquer l'ironie, même si en mon for intérieur j'étais blessée.

Et cela me blessait encore plus lorsque des garçons ou des filles de mon âge qui, eux aussi, avaient leurs racines loin de la France, me critiquaient.

A mon entrée en quatrième, j'ai pris espagnol en deuxième langue. J'adore l'espagnol. Comme toutes les autres matières d'ailleurs.

Une fois, en histoire, le professeur nous rendait des copies et s'est adressé aux élèves : « Il y a deux parties dans la classe : Anina et les autres. » Cela m'a fait très plaisir, mais je me suis sentie très mal à l'aise aussi,

car les autres, qui m'avaient mise à l'écart pour des raisons purement raciales ou par simple bêtise, me rejetaient maintenant en me traitant d'intello ! Ce n'était pas la même discrimination, mais c'en était quand même une !

Malgré tout, je me suis fait des copines au collège, dont celle qui est toujours ma meilleure amie à ce jour : Maïté, à qui l'on avait dit que j'étais une intello coincée qui ne pensait qu'à bosser ses cours. Elle partait donc avec un a priori sur moi.

Mais un jour, à la sortie des cours, nous avons discuté, et elle a vu qu'il y avait quelqu'un derrière l'image qu'on renvoyait de moi, que j'essayais d'être une adolescente normale.

Elle a aussi certainement perçu ce jour-là que ma vie n'était pas un conte de fées et que mes parents étaient loin de rouler sur l'or.

Et même si je ne lui ai pas raconté tous les périples par lesquels j'étais passée pour arriver dans ce collège, Maïté est devenue pour moi une sœur qui me comprend grâce à un regard, à qui je me confie et qui ne me juge jamais. Elle a tout de suite été adoptée par ma famille, comme moi par la sienne.

Je vivais mal ce statut d'intello qui était aussi une source de discrimination. Cumuler le fait d'être rom et intello, ça faisait beaucoup ! Je ne voulais pas avoir de moins bons résultats pour autant ; donc, j'assumais, mais ce n'était pas si facile, surtout dans une petite ville où tout le monde se connaît et où les potins circulent à la vitesse de l'éclair.

Finalement, je me suis aperçue que, pour moi, il était plus important de réussir que de me faire des amis. J'ai donc continué dans cette direction et j'ai accumulé les bonnes notes, les bons carnets scolaires. Et comme j'avais de bons résultats, les professeurs ont voulu rencontrer mes parents.

Mes parents avaient toujours refusé de venir voir nos enseignants. Ils étaient gênés d'y aller, disant qu'ils ne parlaient pas bien français, qu'ils n'étaient pas habillés comme les Français, qu'ils ne voulaient pas me faire honte. Je détestais qu'ils parlent ainsi. Mon père et ma mère ne m'ont et ne me feront jamais honte, au contraire.

Quand maman venait aux portes du collège et qu'à la sortie des cours je me précipitais avec Maria pour l'embrasser, elle nous disait : « Non, non, pas devant tout le monde, tes copines vont voir que je suis rom. »

Cela me blessait de la savoir perpétuellement dans cet état d'esprit, à toujours vouloir cacher ses origines. C'était vraiment une douleur pour moi.

Alors, quand mes professeurs ont insisté un peu plus que d'ordinaire, j'ai convaincu mes parents de venir au collège, d'entrer là où j'étudiais et de rencontrer mon prof principal, mais aussi mon prof de maths et mon prof d'anglais. C'était en troisième.

Seule maman est venue ; papa était trop gêné pour l'accompagner. Ce jour-là, elle a été félicitée par tous les professeurs. Emue, heureuse, elle contenait ses larmes et ne cessait de remercier les personnes présentes dans la salle.

Moi, assise à ses côtés, j'étais contente, comblée de rendre fière ma maman. C'était la chose la plus belle que je pouvais faire pour elle, l'occasion aussi de lui dire : « Tu vois, maman, il ne faut pas avoir peur de ce qu'on est. »

Depuis ce jour, depuis cet instant où j'ai vu maman pleurer de bonheur pour moi et crier partout que j'étais sa plus belle réussite, j'ai compris que, toute ma vie, je chercherai à rendre mes parents fiers et heureux.

Je revenais de loin. Les petites moqueries concernant mon aspect intello me passaient désormais au-dessus. Je continuais pour réussir au mieux. Je relativisais. Je mûrissais. Et cette maturité m'a sans doute éloignée des autres. Je ne perdais plus mon temps avec les préoccupations des ados de mon âge ; je savais ce que je voulais. J'avais vécu plus de choses que les autres élèves du collège.

V

Entre-temps, et comme Anita n'avait pas persévéré dans les études, elle fut dans l'obligation de se mettre à travailler pour aider mes parents et améliorer notre quotidien. Anita a d'abord été embauchée dans un restaurant de vente à emporter avant de prendre un emploi de caissière dans un magasin d'horticulture. Et puis elle s'est mariée alors qu'elle avait tout juste 18 ans.

Ce fut un grand mariage, dans la plus pure tradition rom (et, je le répète, sans hérisson au menu !). Anita avait rencontré Cristi à Craiova. Ils se connaissaient depuis l'enfance. Ses parents habitaient le même quartier que nous et étaient bons amis avec les miens.

Lui aussi avait fui le pays et s'était retrouvé en France, à Lyon. Ils s'étaient revus lorsque nous sommes retournés en vacances chez nos grands-parents au cours de l'été 2002.

De plus en plus souvent, Cristi venait nous rendre visite à Bourg-en-Bresse. Il faisait régulièrement le trajet Lyon-Bourg-en-Bresse en prétextant rendre visite à une famille rom qui habitait notre ville et que nous fréquentons aussi. Mais, en réalité, c'était surtout Anita qu'il souhaitait voir. Même si mes parents l'appréciaient beaucoup, ma grande sœur ne lui a pas rendu la tâche aisée.

Ce ne fut pas une fille facile, c'est le moins qu'on puisse dire. Elle a toujours eu cette force de caractère que j'admire énormément chez elle et dont j'espère avoir une petite part également.

Les deux jeunes enfants de la Strada Hanul Rosu étaient devenus adultes ; l'heure était venue pour eux de partager leurs sentiments. Cristi, en compagnie de ses parents, comme le veut la tradition, a alors fait sa demande en mariage auprès de mon père, et la cérémonie s'est tenue quelques mois plus tard, en août 2004, à l'église orthodoxe de Craiova.

La fête fut magnifique. Avec sa robe de mariée, Anita était la plus belle ce jour-là. Les deux familles étaient au complet et réunies. Dans la culture rom, il faut que nous soyons tous présents lors des grands événements de la vie. Ma mère était aux anges.

Quant à mon père, il a tout de suite considéré Cristi comme son fils. D'ailleurs, ils se ressemblent beaucoup, dans les attitudes, mais aussi physiquement. Cristi est comme papa : pas très démonstratif dans ses sentiments, mais, quand il apprécie quelqu'un, il lui accorde une confiance sans limites.

Quant à nous et après lui en avoir un peu voulu de nous « piquer » notre grande sœur, nous avons rapidement considéré Cristi comme notre grand frère, celui que nous n'avons jamais eu. Et je sais bien qu'aujourd'hui, il tient à nous comme à des sœurs.

Ma sœur réalisait le rêve de toute jeune femme rom : se marier et avoir des enfants. Alisya est née un an plus tard. Ont suivi Mirabella et Alonso, le premier garçon de la famille.

Anita habite aujourd'hui Bourg-en-Bresse avec son mari et ses trois enfants. Je crois qu'elle est heureuse, d'autant qu'aujourd'hui elle travaille pour une association humanitaire qui s'occupe des plus démunis.

Au retour de ce mariage en Roumanie, j'ai poursuivi ma scolarité. En juin 2006, j'ai eu le brevet avec mention très bien et j'ai été admise au lycée Edgar-Quinet pour préparer un bac S. Je faisais de l'anglais, de l'espagnol et, en première, je me suis même remise à l'italien, une langue que j'aimais beaucoup. Il faut dire que j'avais déjà des bases apprises sur le terrain, sur le dur terrain de ma jeune existence.

Notre vie était devenue normale, celle d'une famille dont les parents travaillaient, dont les enfants suivaient une scolarité classique. Je me sentais burgienne, habitante de Bourg-en-Bresse, toujours rom, mais de plus en plus française. Mon père travaillait, sans bien sûr avoir pu faire valoir son diplôme de comptable et sans CDI. Il ne décrochait donc que des petits boulots, mais il arrivait toujours à enchaîner les postes, ne rechignant jamais à la tâche, ne se plaignant jamais.

Ma mère, ancienne aide-infirmière, n'avait, elle non plus, pas trouvé l'emploi qui lui convenait et pour lequel elle était qualifiée dans son pays. Alors, ne comptant pas ses heures, elle faisait le ménage dans les bureaux ou les administrations. Elle faisait aussi du repassage et a même travaillé dans un abattoir, tout cela bien sûr en continuant de s'occuper de nous et plus particulièrement de Marie-Amélie. Les emplois que mes parents occupaient n'étant pas stables, nous étions malheureusement trop souvent en proie à quelques difficultés financières, mais nous n'avons jamais manqué de rien. En tout cas, pas du nécessaire.

Au lycée, et ce, dès mon entrée, j'étais encore un peu perçue comme l'intello. Logique, puisque tout le collège Amiot avait émigré vers le lycée Quinet. Contrairement à moi, Maïté avait opté pour une section littéraire qui, fort heureusement, s'enseignait dans le même établissement.

Nous continuions donc à nous voir régulièrement, et nos bonnes relations de copines sont vite devenues plus sincères et plus profondes encore. Elle est devenue ma confidente, ma sœur. J'espère que les épreuves de la vie ne nous éloigneront pas l'une de l'autre…

Et puis sont arrivés d'autres amis, comme Gwenael, Estelle et Emina, avec qui je garde toujours le contact. C'était « *Relax, take it easy* » comme le chantait Mika.

Je continuais pourtant à me consacrer pleinement à mes études, au grand dam de quelques garçons qui tentaient bien de me faire des avances. Mais, dans ma culture, dans la plus pure tradition rom, on n'a pas de petit copain avant le mariage ! L'honneur d'une jeune fille est quelque chose de très important pour ma famille comme pour moi ; et je n'ai pas envie de le perdre. C'est à mon sens l'un des points positifs de la culture rom. Je trouve dommage qu'aujourd'hui, dans les sociétés occidentales, pas seulement en France, les jeunes, laissés totalement libres, livrés à eux-mêmes, tombent parfois dans l'excès et dans les dérives... Les jeunes filles n'ont, me semble-t-il, plus le respect d'elles-mêmes ni de leurs parents, et je pense que revenir un peu aux traditions ne ferait pas de mal.

J'ai bien conscience que je suis hors normes, mais je trouve que mon choix est plutôt respectable et que je n'ai pas à m'en cacher. J'ai le courage de l'affirmer. J'assume, et tant pis pour les autres !

Avoir un petit copain ne m'aurait pas détournée de mes études ; ce n'était pas ma crainte. Les raisons de mon refus sont plus profondes. J'ai la maturité de savoir où sont mes priorités. Avoir un petit copain n'en est pas une pour moi. J'ai bien sûr eu des occasions, que j'ai refusées. Par choix. Peut-être aussi parce que je suis un peu exigeante...

J'ai eu la possibilité de prendre un peu de recul par rapport à notre communauté, de voir aussi le côté occidental et de choisir ce qui me convenait. La culture rom est totalement compatible avec le mode de vie français. La preuve : je vis comme une Française, mais je garde mes racines.

J'ai fait un tri entre les deux cultures et créé mon propre mélange. J'ai gardé de ma culture rom le respect de moi-même, le respect des anciens, la solidarité au sein de la famille. C'est un peu prétentieux de ma part, mais je pense n'en avoir gardé que les bons côtés.

Voilà pourquoi, par respect pour moi-même et pour ma famille, je ne veux pas faire un mauvais choix avec un garçon, je ne veux pas me tromper de personne. Il y a quelques années, j'ai dit non à un Rom qui m'a demandée en mariage. Je terminais le lycée, j'avais 18 ans. Nous n'avions pas les mêmes points de vue, pas la même ouverture d'esprit. Il était resté un peu trop rom dans l'âme, notamment sur le rôle de la femme, sur ce qu'il voulait que je devienne pour lui.

Je pense qu'il avait parfaitement compris l'importance de mes études. Mais sa famille et son environnement étaient très imprégnés des anciennes traditions, et je ne pense pas qu'il aurait eu le courage de les affronter et de s'imposer. Il était très attaché à sa famille, et il lui aurait été extrêmement difficile de se démarquer d'elle.

Il a très mal vécu mon refus. Mais, s'il m'empêchait d'atteindre mes rêves, c'est que ce n'était pas la bonne personne pour moi. Si, un jour, un homme me respecte et s'il me rend heureuse, alors, ses origines n'auront pas d'importance, ni pour moi ni pour mes parents.

De la part des garçons français, l'approche est différente. Les jeunes de mon âge ne me proposent pas le mariage… Eux, ce qu'ils veulent, c'est une aventure, un flirt, une soirée. Et ça, c'est à des années-lumière de mon état d'esprit !

Je sais que certaines personnes ne me comprennent pas. Je sais que j'en fais fuir plus d'un alors qu'aujourd'hui on me dit que je suis plutôt jolie. Mais peu importe, je reste fidèle à mes idées, mes pensées, ma décision. D'ailleurs, maintenant, on ne me traite plus d'intello, mais de coincée, de vieux jeu, et j'en passe...

Ce qui me réjouit, c'est que mes amis, les vrais, trouvent mon choix honorable. Ce choix les étonne, car tous mes amis ont eu, ou ont tous des petits copains ou des petites copines.

Parce que nous avions passé plus de 10 ans en France, de nombreux membres de notre famille restée en Roumanie s'attendaient à ce que l'on oublie totalement nos racines, nos origines et nos valeurs. Mes grands-parents aussi avaient cette crainte.

Mais cela ne s'est pas produit ; nous avons gardé une part de notre culture et de nos traditions tout en étant parfaitement intégrés à la société française et en ayant un mode de vie totalement français. Je sors avec mes amis, je m'amuse, je fais comme les jeunes de mon âge. L'un n'empêche pas l'autre.

Alors quand, en juin 2009, j'ai eu mon bac avec la mention bien, j'ai appelé ma famille en Roumanie pour leur annoncer la nouvelle. Mon oncle Marius, le cousin de ma mère, n'arrêtait pas de téléphoner pour me demander ce que j'allais faire, vers quel domaine j'allais m'orienter. Ma mère et lui sont très proches ; ils ont grandi ensemble ; elle le considère comme son frère. Lui est rom, mais il a eu la chance de ne jamais ressembler à un Rom. Il a également fait de belles études en Roumanie et a réussi là-bas. Quand il a su que j'avais obtenu mon bac, il était fou de joie. J'étais la première de toute notre famille à obtenir un diplôme en France. Mes parents étaient également heureux, et, pour me récompenser, ils avaient organisé une petite fête en famille, avec quelques amis.

Obtenir mon baccalauréat n'était pas une fin en soi. Je savais pertinemment que ce diplôme n'était qu'un passeport pour aller plus loin dans les études, lesquelles coûtent de plus en plus cher au fur et à mesure qu'elles se spécialisent. J'ai donc très tôt travaillé pour me les payer et pour soulager mes parents de ces nouvelles dépenses. Pour cela, j'ai été bien aidée par le père de Maïté, qui avait une connaissance dans une chaîne d'hôtels ayant un établissement à Bourg-en-Bresse. La direction cherchait quelqu'un pour faire le service au restaurant.

C'était parfait pour moi qui n'avais aucune expérience et qui avais surtout soif d'apprendre vite pour ne pas être renvoyée au bout de deux jours. C'est donc très motivée que je me suis rendue à l'entretien. Le responsable du recrutement était un homme distingué et très attentif lorsque je m'adressais à lui.

Il était déroutant pour moi de voir que quelqu'un m'écoutait sans me dévisager, sans me juger. Quand je lui ai donné mon curriculum vitae et qu'il a vu que je parlais quatre langues, il m'a dit qu'il n'avait pas de place pour moi… au restaurant, mais qu'il préférait me prendre à la réception. J'étais folle de joie. Lui était plus contenu, mais j'ai aperçu sur son visage la marque d'une certaine satisfaction.

J'y suis restée tout l'été. J'aimais ce travail, le contact avec les gens, les touristes français et étrangers, les clients de l'hôtel qui ne me regardaient plus avec un œil méprisant, mais avec le sourire lorsqu'ils s'adressaient non pas à Anina la petite Rom, mais à la jeune fille de l'accueil.

Ce premier travail fut aussi pour moi l'occasion de franchir un pas dans ma vie de jeune adulte. Car il a fallu que j'ouvre un compte en banque à mon nom.

J'y avais droit, mais c'était surtout nécessaire pour que je puisse encaisser ma première paye : un peu plus de 800 euros ! Cela me paraissait énorme ! Jamais je n'avais eu une telle somme. Pour la première fois, je me suis sentie autonome.

Mes parents voulaient que je garde l'argent pour mes études ; ils disaient que ce salaire était le fruit de mon travail et qu'il n'était que pour moi. Mais il était hors de question de penser et de réagir ainsi : cet argent, il était aussi en partie pour eux.

De toute façon, la dure réalité de notre vie, ou la fatalité, nous a vite rattrapés. Avec mes deux mois de salaire de réceptionniste, j'ai pu soulager mes parents qui devaient faire face à un énième coup dur dans la famille : ils devaient absolument se rendre en Roumanie au chevet de mes grands-parents, de plus en plus malades. Une fois sur place, c'est l'état de santé de Vasile qui les a aussi préoccupés. Mon oncle était très gravement malade.

Vasile avait été le premier de notre famille proche à quitter Hanul Rosu, environ un an avant nous. Lui aussi n'aspirait qu'à une seule chose : offrir une vie meilleure à ses enfants. Mais sa demande d'asile en France n'ayant pas abouti, il a été contraint de revenir en Roumanie. Là, il a de nouveau économisé, de nouveau tenté de partir vers l'Ouest, mais, chaque fois, ces essais se sont soldés par des expulsions et des retours en Roumanie.

Après toutes ces tentatives avortées, il a aidé Ministra, sa femme, qui avait repris le chemin de la place Tirgu Romanescu où, chaque jour, elle vendait des chaussures et des vieux vêtements au marché.

Mon oncle, lui, ne vendait pas, mais il l'aidait à faire vivre ce commerce qui demandait énormément de travail : aller acheter la marchandise parfois dans des villes très éloignées, négocier les prix, la transporter, puis la remettre en état, laver, recoudre, lustrer, cirer les chaussures… Des heures et des heures de travail éreintant. Plus jeune et avant la fin de la dictature, Vasile avait travaillé dans un abattoir, où il gagnait modérément sa vie, à la découpe. Mais, depuis son retour définitif au pays, il était surtout chargé de prendre soin de sa mère, ma grand-mère Cijmarita, devenue veuve. Au final, c'est de lui qu'il fallait maintenant s'occuper : Vasile, ancien boxeur, homme à la carrure d'athlète, était atteint d'un cancer fulgurant.

Depuis plusieurs mois, il avait tout fait pour le cacher à sa famille. Il avait même préservé sa propre femme de l'annonce de cette fin inéluctable.

Vasile savait ce qu'il avait, sentait progresser le mal qui le rongeait. Il connaissait aussi la corruption qui régnait dans les hôpitaux roumains, surtout quand on est rom et que, forcément, on n'est pas prioritaire. Il savait pertinemment qu'il n'avait pas les moyens de se faire soigner. Il savait qu'il n'aurait pas l'argent pour avoir accès aux soins, à la chimiothérapie…

Donc, il s'est tu.

C'était lui le chef de la famille. C'était lui qui aidait tout le monde. Il ne se voyait donc pas demander de l'aide et ne voulait surtout pas mettre ses frères dans l'embarras en leur demandant de l'argent pour se soigner. Alors, il a préféré se sacrifier, refuser les soins puisqu'il savait qu'il avait une maladie incurable.

De toute façon, en Roumanie, il n'y avait pas les traitements nécessaires au cancer généralisé qui le rongeait. Peut-être aurait-il pu être soigné en France ? Nous ne le saurons jamais.

Mais, plus le temps passe, plus je me dis qu'avec les progrès de la médecine ici, il aurait certainement eu une fin de vie un peu plus confortable.

Quand mon père a su que son frère allait partir, il est resté pendant plusieurs jours à son chevet. De mon côté, à cette époque, je venais de commencer mes premiers partiels de droit et je n'ai donc pas pu me rendre à Craiova pour le voir. Ses enfants me disaient que je devais avant tout passer mes examens, que c'était ce qui comptait, que je ne me fasse pas de souci.

Pour ne pas perturber nos études, papa ne nous a annoncé la mort de Vasile qu'une semaine après. Mes sœurs et moi n'avons donc pas pu aller à son enterrement.

Et nous le regretterons toute notre vie, car nous n'avons pas pu lui faire nos adieux, nous n'avons pas été présents pour son épouse, pour ses enfants (que je considère comme mes frères et sœurs) au moment où leur souffrance a été la plus intense.

Mais nous n'aurions jamais pensé que cet homme si fort s'en irait de façon si rapide..., au tout début de sa cinquantième année. C'est un pilier qui s'est effondré ce jour-là, une perte qui a déstabilisé toute la famille.

Quand mes parents sont revenus de Craiova, ils avaient changé. Je n'avais jamais vu mon père dans cet état, je ne l'avais jamais vu autant pleurer ; il était écrasé par le chagrin.

Il se sentait abandonné, orphelin ; c'était comme s'il avait perdu son père pour la deuxième fois. En plus, il se reprochait de l'avoir abandonné alors que Vasile avait toujours été là pour lui.

A la mort de Boana, c'est Vasile qui avait repris la tête de la famille. Il était toujours là pour ses frères. Quand il avait appris que papa était malade, il était venu nous rendre visite chez nous à Bourg-en-Bresse. Il avait amené ma tante Nela et son mari, ainsi que mon oncle Gari et ma grand-mère Cijmarita.

Il avait voulu offrir cette immense surprise à mon père de réunir presque la famille entière qui lui manquait tant.

Il voulait que tout le monde soit autour de lui pour lui redonner des forces. Je l'entends encore dire à mon père « Allez ! ne t'en fais pas, ça va aller ! » Plusieurs fois, il était venu pour l'encourager.

Et puis, c'était lui qui nous avait accueillis en Italie, lui qui était là, avec nous, toujours. Il jouait souvent avec nous quand j'étais petite ; je crois qu'il m'aimait beaucoup. Quand il faisait très chaud, nous jouions à nous éclabousser avec de l'eau.

Quand on était en vacances en Roumanie, le matin, il se levait de bonne heure pour aller nous acheter des croissants roumains parce qu'il savait qu'on les aimait particulièrement. Il nous considérait aussi un peu comme ses filles. C'était quelqu'un de très humain, de très gentil. Paix à son âme !

J'ai beaucoup prié à sa mort. La religion nous aide dans les moments difficiles, quand on n'a plus rien. Se dire que Dieu est là nous aide à surmonter les difficultés. Ma mère priait tous les soirs pour nous dès qu'il y avait un malheur dans la famille, quand nous étions malades ou même quand j'avais un examen.

Moi aussi, je prie ; je suis croyante, même si je ne vais pas à l'église le dimanche. La foi est celle qu'on a dans son cœur. Les Roms sont chrétiens orthodoxes. C'est aussi la religion majoritaire en Roumanie. Il y a une église orthodoxe à Lyon, où nous allons à Noël et à Pâques. Le reste du temps, c'est chez nous que nous prions.

En entrant à l'université en septembre 2009, je savais que je franchissais une autre étape, que je serais encore un peu plus livrée à moi-même. Mais, finalement, je me suis rendu compte que je n'avais pas besoin d'encadrement. J'ai rarement manqué un cours, et ma première année s'est bien déroulée aussi.

Pour poursuivre mes études sans mettre en péril notre vie de famille, j'ai pu trouver quelques petits boulots, comme vendeuse dans une boutique de prêt-à-porter masculin ou comme femme de chambre, un travail plus physique et fatigant. Et puis, ce n'était pas agréable de nettoyer la crasse des autres, surtout pour moi, la *précieuse* !

Mais il fallait que je le fasse. Cela m'a aussi permis de comprendre que, parfois, on n'a pas le choix. Pour vivre, il faut accepter n'importe quel travail, si difficile soit-il. Ce travail de femme de chambre, de femme de ménage, c'est ce que ma mère fait depuis des années sans jamais se plaindre. Pourquoi me serais-je plainte, moi ? Au nom de quoi ? Comment aurais-je osé décrier ces tâches exténuantes et ingrates que maman assume au quotidien et qui engendrent au fil du temps des problèmes de santé ? Moi, jeune étudiante dans la pleine force de l'âge, je me devais de le faire, pour moi, pour elle.

Arrivée à l'université, j'ai aussi eu le courage et la maturité de dire que j'étais rom. J'ai eu le courage de l'affirmer sans honte. Chaque fois qu'on me posait la question, je répondais toujours : « Oui, oui, je suis roumaine. » Et je précisais aussi : « Je suis roumaine, mais surtout rom de Roumanie. »

La plupart des gens ne voient pas la différence entre rom et roumaine. Et pourtant, s'ils savaient que depuis toujours être rom et roumain, cela n'a rien à voir. Que les Roms ont le plus souvent été méprisés et tenus à l'écart des évolutions historiques nationales.

Car notre présence sur l'actuel territoire de la Roumanie remonte à 1385. A l'époque, les Roms n'étaient que des esclaves au service de maîtres ou de monastères. Une situation qui a perduré quelques siècles puisqu'en fouillant dans les archives de mes origines, j'ai pu découvrir la trace d'une affiche annonçant la vente d'un « lot de Roms » !

Jusqu'au XVIIIe siècle, nous pouvions être donnés, légués ou vendus aux enchères. Il a fallu que des étudiants lancent un mouvement abolitionniste pour que nous soyons « libérés de nos chaînes ». Les Roms devinrent ainsi des nomades.

Mais il a fallu attendre un siècle de plus pour qu'une loi soit enfin votée et qu'elle nous accorde des droits égaux à ceux des sédentaires. Une autre loi, elle aussi adoptée, était censée nous protéger contre les discriminations…

La Seconde Guerre mondiale a mis fin à tous ces « privilèges » qui nous avaient été accordés. Dans une Roumanie en guerre, dans un pays allié au bloc de l'Est, il fut interdit aux Roms de se déplacer. Puis débutèrent les déportations, l'horreur des camps : 36 000 Roms y seraient morts.

Malheureusement, l'entrée, après la guerre, dans le régime communiste ne fut pas beaucoup plus réjouissante, car, durant cette période de dictature, ma communauté fut opprimée, persécutée. Retour des chaînes !

La suite, je vous l'ai déjà contée… Reste qu'aujourd'hui, la question des Roms semble prendre de plus en plus de place dans la vie sociale et politique roumaine. Elle commence depuis peu à préoccuper le gouvernement actuel qui a même nommé spécialement à cet effet un conseiller d'Etat d'origine rom. Damian Draghici, par ailleurs excellent musicien de jazz et de musique rom, est le seul Roumain à avoir obtenu un Grammy Award, la récompense qui, chaque année aux Etats-Unis, met en lumière les meilleurs artistes dans le domaine de la musique.

Damian Draghici est un modèle de réussite extraordinaire pour toute la communauté, une idole pour moi ! Devenu conseiller du Premier ministre roumain Victor Ponta, il est responsable de « la stratégie nationale pour les Roms ».

Mais j'ai bien dit que la question des Roms *semble* prendre de plus en plus de place, car, en réalité, les effets positifs de ces initiatives tardent à se faire sentir pour notre communauté, et des solutions durables sont encore à trouver dans la vie quotidienne et dans le droit. Dans ce domaine, les Roms n'ont pas totalement les mêmes avantages que les Roumains.

En Roumanie, comme dans de nombreux domaines où la France est un modèle, on s'inspire fortement du droit français. Notre constitution est quasiment identique, et nos institutions politiques et judiciaires sont très ressemblantes.

En théorie, il s'agit d'un droit tout à fait respectueux des principes de la démocratie, de l'humanisme et du libéralisme... Un droit qui, sur le papier, respecte les communautés minoritaires vivant sur le territoire roumain, un droit sans discrimination et favorisant l'intégration. J'avoue qu'écrire cela me fait drôle.

Certes, des progrès sont réalisés, d'autant que des politiques officielles destinées à encourager l'intégration des Roms ont été initiées par le gouvernement, poussé par la farouche envie d'intégrer l'Union européenne. Certaines mesures, que j'ai récemment découvertes, mettent à l'honneur le « programme de développement personnel et professionnel des Roms dans le domaine médical ». Il paraît même que l'Etat offre des bourses et des tutorats aux jeunes Roms qui souhaitent devenir médecins. J'ai également pu comprendre que des places étaient réservées aux Roms dans certaines universités, chose tout à fait nouvelle, chance formidable pour eux qui n'avaient jusqu'à présent pas accès aux études supérieures.

Mais il ne faut pas se leurrer : ceux qui bénéficient de ces « discriminations positives », car c'est de cela qu'il s'agit, sont encore peu nombreux.

Et les débouchés pour ces jeunes diplômés sont, je le pense, encore incertains, sauf dans quelques cas exceptionnels. Ou alors, il faut, comme ont tenté de le faire certains de mes proches, se fondre dans la masse roumaine, se cacher, faire oublier ses origines. Marius en est le plus bel exemple.

Ces belles valeurs qui sont brandies par le gouvernement roumain ne restent généralement pour les Roms que de beaux et lointains idéaux... comme leur condition en témoigne. Les Roms de Roumanie continuent de vivre comme ils l'ont toujours fait, continuent de se battre au quotidien pour que leur vie soit identique à celle des autres citoyens.

Parallèlement, notre communauté a aussi ses propres « lois ». En effet, même si les Roms n'ont pas de droit à proprement parler, pas de codes écrits, ils ont quand même des règles, des traditions, des coutumes qu'ils doivent respecter.

Et, dans le cas où un membre de la communauté commet un acte infâme, contraire aux règles de vie de notre communauté, les Roms disposent d'un système judiciaire tout à fait particulier.

Nous ne faisons que très rarement appel au service public de la justice et organisons nous-mêmes, au sein de la communauté, un procès. Ce procès, jugement ou tribunal s'appelle la *Criss* dans la vraie langue rom (nous disons aussi *judecata*, le mot roumain signifiant « jugement »). Ce sont les anciens, les sages, les hommes méritant le respect de toute la communauté qui tiennent la place des juges. Ce sont généralement aussi de bons orateurs. Mon grand-père Boana fut juge pour les Roms d'Hanul Rosu.

Lorsqu'une « infraction » est commise, par exemple lorsqu'un jeune homme en état d'ébriété commence à insulter et à frapper dans la rue un voisin contre qui il a une ancienne rancœur, la victime peut saisir « les juges » pour réclamer que justice soit faite.

Les juges vont normalement voir l'individu mis en cause pour porter à sa connaissance les accusations contre lui et entendre sa version. S'ils se trouvent vraiment face à une affaire grave et que les deux parties refusent de trouver un terrain d'entente, la *Criss* se met en place. Dans le cas contraire, cela se matérialise généralement par un dédommagement financier.

Lorsque la *Criss* est actée, les juges se réunissent dans un endroit neutre, ni chez l'accusé ni chez la victime. Les personnes mises en cause doivent aussi être présentes.

Mais il faut savoir que la *Criss* est un procès public, que toute la communauté peut y assister. Les juges interrogent les deux parties à tour de rôle. Une grande importance est donnée au serment pour certifier de la véracité des témoignages. Lorsqu'un Rom a juré, on ne peut plus mettre sa parole en doute.

Après les témoignages, les juges réfléchissent ensemble et se concertent en aparté. Ils rendent ensuite leur sentence de façon publique. C'est généralement l'occasion pour les juges de mettre en lumière leur savoir et leur talent d'orateur.

C'est toujours un grand moment. Les juges usent de proverbes, d'allégories, ils tentent de faire comprendre à l'assistance pourquoi ils en viennent à cette décision. Neuf fois sur dix, le fautif est condamné à verser une indemnité à la victime et à faire des excuses publiques. Il faut savoir que l'humiliation est une agression grave chez les Roms et qu'elle donne lieu à de fortes indemnisations. Dans l'exemple que je donnais auparavant, que la victime ait été insultée en public, dans la rue, rend les faits encore plus graves.

Le fautif paye aussi les juges pour la sagesse dont ils ont fait preuve, au service de tous. Mais, généralement, la victime aussi offre des présents ou de l'argent aux juges pour s'attirer leurs faveurs. Il faut savoir qu'être traîné devant la *Criss* est très humiliant et déshonorant pour un Rom. La sentence prononcée de façon publique est vraiment ressentie comme une peine, humiliante et dissuasive.

Cette « justice » est très utilisée dans la communauté rom. Reste que, pour les crimes vraiment graves et notamment les meurtres, la police est prévenue.

Vous comprenez donc pourquoi, au sortir de mon bac, j'ai choisi de faire des études de droit. Ce n'est pas par hasard. Le droit civil et le droit pénal m'ont tout de suite intéressée parce qu'ils mettaient en jeu les personnes. Le droit international me plaisait également, car il montre comment s'organisent les rapports entre les pays et les institutions.

Bien sûr, en cours, quand nous parlions de l'espace Schengen et de la libre circulation des personnes, je voyais exactement à quoi cela correspondait… Mais jamais je n'ai osé parler de mon expérience en ce domaine, de mon vécu, loin des livres et des amphis.

Car les cours restent théoriques. Inutile de le leur faire remarquer, les professeurs en ont conscience. La pratique est forcément différente. Et puis, depuis le jour où j'ai traversé les frontières, il y a eu des évolutions, la libre circulation au sein de l'Union européenne a été votée et instaurée.

J'aime le droit, qui est un instrument indispensable, même dans la vie de tous les jours. Tout dans notre vie est, de près ou de loin, lié au droit, au point que je trouve que cette matière devrait être enseignée dès le lycée.

C'est vraiment ce qui régit toute notre vie. Nous devrions tous apprendre les règles de droit. Il y a pour moi une différence importante entre certains délits qu'il est normal de sanctionner et des délits de civilisation inventés par les nouvelles sociétés, comme de traverser une frontière.

Si je deviens magistrat, je devrai faire respecter la loi sur les infractions aux règles du code de l'entrée et du séjour des étrangers et du droit d'asile.

J'ai parfaitement conscience que le métier de magistrat suppose une neutralité, une impartialité et une indépendance totales.

Aujourd'hui, j'ai pris assez de recul par rapport à ce que j'ai vécu ; je fais la part des choses. Je pense que, si je réussis à intégrer la fonction de magistrat, je serai respectueuse de ces principes fondamentaux ; en tout cas, je ferai de mon mieux pour atteindre cet idéal attendu de celui qui est considéré être « la bouche de la loi ». Mais je reste intimement persuadée que les épreuves que nous avons eues à traverser, les injustices auxquelles nous avons été confrontés (et je ne parle pas seulement en mon nom, mais au nom de tous ceux qui aspirent à cette noble carrière) font partie de nous et influencent même de façon inconsciente notre jugement.

Le droit est toujours remis en cause, il évolue en permanence. Le métier de magistrat, c'est ça aussi. On dit qu'on est « la bouche de la loi », mais je pense que le juge est beaucoup plus.

C'est lui qui doit savoir faire appliquer correctement la loi quand elle doit l'être. Les règles de droit ne sont pas toutes parfaites, elles manquent parfois de clarté et de précision. C'est au juge qu'il revient de les interpréter.

En droit français, cette interprétation doit être stricte, c'est-à-dire qu'elle ne doit pas se démarquer de la volonté du législateur. Mais nous savons parfaitement que la jurisprudence est essentielle dans l'évolution et dans la précision du droit applicable. Le juge a donc un rôle fondamental. Quand on trouve une imperfection, pourquoi ne pas la corriger ?

Une personne dans mon cas peut entrer aujourd'hui en France sans être dans l'illégalité. Si un magistrat avait dû nous juger pour cela, il n'aurait peut-être pas eu tort de ne pas nous condamner.

Mon père est très attaché aux mathématiques, mais il pense que le droit est le domaine qui correspond le mieux à ma personnalité, un domaine dans lequel je peux m'épanouir.

Sans le froisser et parce que c'était ma volonté, mon vœu le plus cher, j'ai choisi le droit pénal et le droit européen pour des raisons évidentes et parce que ces deux matières m'intéressent beaucoup. Mais il y a tellement d'autres domaines du droit. C'est mon gros problème : ils m'intéressent tous !

Je n'ai pas besoin de travailler plus que les autres élèves de ma promotion pour obtenir des résultats satisfaisants. J'ai la chance d'avoir des capacités, des facilités. Mais je travaille beaucoup, car je suis un peu trop perfectionniste.

Quand je rends une copie, je veux moi-même en être satisfaite. Il m'est souvent arrivé de terminer un devoir à 4 heures du matin parce qu'il n'était pas parfait. Et le problème, c'est que, pour moi, rien n'est jamais parfait. Je suis capable de passer quinze heures sur une dissertation pour faire quelque chose de bien, de complet, alors qu'en examen, le temps est limité, ce qui me pénalise énormément. Je veux exprimer les choses de façon exhaustive, je veux aussi que ce soit bien écrit.

Apparemment, c'est de famille, car Maria, qui poursuit elle aussi de manière brillante ses études, est aussi rigoureuse que moi. Rigoureuse et animée par cette même soif de réussite.

La récompense, la première en tout cas, elle l'a eue en 2010. Maria était en terminale STG (sciences et technologie de gestion). Elle était la meilleure de sa classe et a participé avec ses camarades au concours international des Mots d'Or.

Présenté par la Coupe francophone des affaires, Organisation internationale de la francophonie, ce concours vise à promouvoir la langue française dans les affaires. Et comme il était écrit dans *La Voix de l'Ain* sous la plume d'Antoine Colliat : *« Il s'agit de définir des mots utilisés dans les affaires, de traduire des mots "franglais" en français ou encore d'inventer de nouveaux mots pour de nouveaux concepts (par exemple, le mot "courriel"). La classe de 1re STG du lycée Carriat s'est distinguée dans cet exercice, et Maria, brillante élève d'origine roumaine, a eu l'honneur de représenter la France au milieu d'une quinzaine de jeunes francophones de toutes origines (québécois, roumain, russe ou encore gabonais). »*

Il s'est avéré qu'elle a fini la première et qu'elle a remporté le concours. Elle était attendue à Paris pour présenter ce qu'elle avait fait et s'y est rendue en train avec son professeur.

Elle a ensuite été reçue par l'ambassadeur de Roumanie à Lyon, qui lui a remis son diplôme en lui disant qu'elle faisait la fierté du pays en France. C'est drôle, mais, peu de temps auparavant, nous avions fait une demande de passeport et n'avions pas du tout été accueillis de la même façon à l'ambassade !

Lorsqu'elle avait été mise en lumière, Maria avait dit à Maïté qu'elle me considérait comme son modèle et qu'elle cherchait à faire aussi bien que moi. Mais je ne voulais pas de cela. Il n'y a pas de compétition entre elle et moi. Nous sommes à égalité. Je ne pensais pas et je ne pense toujours pas lui être supérieure ni être pour elle un modèle.

En revanche, j'étais, comme toute ma famille, très fière d'elle. Fière de la voir honorée, fière que sa photo soit dans les journaux, fière qu'on ne l'appelle plus « la petite Roumaine ». D'ailleurs, il m'arrive souvent de relire cet article, une pleine page parue dans le journal municipal :

Maria, un parcours d'excellence

Elève de terminale STG au lycée Carriat, Maria a remporté le prix national du concours des « Mots d'Or » de la francophonie qui récompense le meilleur français des affaires. Quelle entreprise aimerait-elle créer ? « Une entreprise qui réalise tous les rêves des gens aisés. Se marier sur la Lune par exemple. »
C'est ce projet un peu fou que Maria a échafaudé lors du concours des « Mots d'Or » de la francophonie. Un concours national passé l'an dernier par toute une classe de première du lycée Carriat sur l'initiative de deux enseignants, Jean-Philippe Minier et Anne Fontana. En janvier dernier, le verdict est tombé : parmi des centaines de concurrents, Maria est la lauréate !
Le 17 mars, Maria est « montée » à Paris, où on lui a remis son prix. Depuis, Maria continue son chemin. Cette jeune fille de 18 ans rêve en réalité de devenir comptable. « C'est un peu un truc de famille, s'excuse-t-elle. Mon père a fait des études dans ce domaine et mon oncle est directeur de banque en Roumanie. » Quand

Maria aura en poche un BTS de comptabilité, il y a de grandes chances pour qu'elle retourne dans son pays, la Roumanie. Peut-être alors se lancera-t-elle dans la défense de son ethnie, les Roms, pour montrer aux Roumains que les Roms ne sont pas ce qu'ils croient. « Maintenant, les Roms font des études, s'investissent dans la société... »
Les parents de Maria ont fui le pays en 1997, leurs trois filles sous le bras, direction la France, le pays des droits de l'homme, le pays où les enfants vont à l'école, Roms ou pas. Ils ont fini par faire halte à Bourg-en-Bresse, où ils ont trouvé du travail et un logement. Maria est entrée au CP à l'école Charles-Jarrin. Quand Maria raconte ses débuts à l'école française, elle s'empresse de parler de sa maîtresse, Jacqueline de La Fontaine. « C'est elle qui m'a donné le goût de la langue française. Elle et son mari sont d'ailleurs devenus nos amis. »
Commence alors pour Maria et ses sœurs – une petite dernière est née en France – un parcours d'excellence. Toujours première en classe ? « Oui, répond-elle avec une petite moue. En classe, j'écoute beaucoup. Je suis intéressée par toutes les matières. » Mais Maria se défend d'être bûcheuse. « Je relis juste un peu les cours, c'est tout. » Le soir, Maria s'occupe de ses nièces. Parfois, elles chantent, parfois, elles dansent... Maria revêt alors l'une de ses belles

longues robes très colorées qui virevoltent au son de la musique rom.
Une joie qui efface le quotidien difficile avec un père malade et une maman à la recherche de menus travaux de ménage et de repassage. Quand Maria aura un métier, elle prendra ses parents sous sa coupe. « La famille, c'est très important. Les parents s'occupent de nous, et après, c'est nous qui prenons soin de nos parents. » Tous les étés, la famille reprend le chemin de la Roumanie et passe quelques jours à Craiova avec les oncles, les tantes, les cousins. « La Roumanie, c'est mon pays, les Roms, c'est ma civilisation », insiste Maria avec une pointe de fierté. Mais c'est en France qu'elle grandit. « Mes parents sont venus en France pour qu'on fasse de bonnes études, afin d'atteindre un bon niveau de vie. » Maria et ses sœurs ne les ont pas déçus.

Ma petite sœur est aujourd'hui titulaire d'un BTS en gestion comptabilité avec mention très bien ! Lors de ses études, elle avait fait un stage de six mois dans la banque où travaille mon oncle Marius en Roumanie, et cette expérience l'a passionnée. C'est vraiment le domaine qui l'intéresse.

Elle voulait poursuivre en licence, mais, finalement, parce que l'été dernier j'ai fait un stage dans une agence immobilière, elle a pu obtenir un poste très intéressant.

En fait, au cours de mon stage, j'ai rencontré le responsable d'un cabinet de consultants financiers qui souhaitait s'implanter à Bourg-en-Bresse.

Lorsqu'il m'a fait part de son projet, j'ai tout de suite pensé à ma sœur qui était à la recherche d'une entreprise d'accueil pour sa formation. Je n'ai pas hésité à lui proposer sa candidature. Deux entretiens plus tard, Maria a été embauchée. Je suis fière et heureuse pour elle.

VI

Mes trois années à l'antenne burgienne de l'université Lyon 3 m'ont aussi permis d'approcher les hommes et les femmes qui ont fait du droit et de la justice leur métier.

C'est ainsi que j'ai intégré l'association « Juristes jeunes ». Elle est constituée d'étudiants en deuxième et troisième année qui donnent des orientations juridiques aux particuliers, sur des problèmes du quotidien.

Elle est parrainée par des professionnels du droit, des notaires comme maître Mathias Fourneron, des avocats comme maître Luc Parovel ou maître Marie Audineau, membres du barreau de Bourg.

Siègent aussi des experts et des membres de l'équipe administrative du Centre des études universitaires de Bourg-en-Bresse, des personnes compétentes qui s'intéressent vraiment à l'association. On ne peut l'intégrer qu'à partir de la deuxième année de droit. Dès que j'ai été en deuxième année, j'ai demandé à devenir membre.

L'association prodigue des conseils sous la forme de permanences qui se tiennent à l'université, ou par Internet ou par téléphone. J'étais d'abord membre actif et j'ai été élue présidente à la première réunion d'octobre 2011, au début de ma troisième année de droit privé.

Nous étions une vingtaine de membres, et mon objectif a rapidement été de faire bouger l'association. Je trouvais qu'elle ne vivait pas assez, qu'elle pouvait faire beaucoup plus. Bien qu'ayant vingt ans d'existence, « Juristes jeunes » peinait encore à se faire connaître.

Alors, avec mon équipe, j'ai travaillé, donné de mon temps. Pour ma part, et lors de nos permanences, j'ai pu traiter une dizaine de cas dans l'année.

Par exemple, une femme avait acheté une machine à laver qui ne fonctionnait pas, et on refusait de la lui rembourser. J'ai interrogée cette personne sur le contrat de vente qu'elle avait signé. Nous avions longuement parlé, et elle a retranscrit tout ce que je lui avais dit, citant quelques articles du Code civil.

Cela lui a suffi pour résoudre son problème ! C'était ma première « affaire ». Et, cerise sur le gâteau, cette femme m'a téléphoné ensuite pour me remercier.

Un autre jour, un homme venait de recevoir une lettre de la maison de retraite où vivait son père. Il était stupéfait, car il n'avait plus de liens avec son père depuis plus d'une dizaine d'années. Pourtant, on lui demandait de participer aux frais en se basant sur l'aide alimentaire que l'on doit à ses parents. Il ne pouvait pas refuser.

Je l'ai conseillé après plusieurs recherches. Nous vérifiions toujours nos idées auprès des professionnels avant de donner une réponse.

Il y avait des cas un peu plus complexes, comme des divorces. Quand nous n'avions pas le pouvoir d'agir, nous orientions les gens vers des avocats spécialisés.

Je me sentais vraiment utile ; je savais que ce métier était celui que je voulais exercer. J'avais l'occasion de mettre en pratique la théorie que nous apprenions toute l'année pour que cela serve à quelque chose.

Mais attention : nous ne donnions pas des conseils, mais des orientations ! La nuance est importante, et nous étions très surveillés par le barreau à ce sujet. Nous aurions pu faire une concurrence déloyale aux avocats et surtout être dans l'illégalité.

Cette association nous a aussi donné l'occasion de participer à des événements au cours desquels j'ai pu enfin avoir de vrais contacts avec le monde juridique. J'étais impatiente ; j'appréhendais et je trouvais aussi qu'il était pour moi inespéré d'être invitée à la rentrée solennelle du barreau. Moi, la petite Rom entrée clandestinement en France, j'étais arrivée là, dans le monde de la justice.

Comme la faculté de Bourg venait d'être inaugurée, cette rentrée solennelle s'était tenue dans un amphi. Le bâtonnier a alors pris la parole et s'est lancé dans un discours de plus d'une heure. Je voyais les avocats dans un premier temps bâiller, puis, pour quelques-uns d'entre eux qui en étaient à leur énième rentrée, s'endormir sur les bancs.

De mon côté, je ne perdais pas un mot de ce que disait le bâtonnier. J'étais fascinée par son élocution, par sa prestance, par la qualité de son intervention. J'avais devant moi un homme extraordinaire, brillant : maître Christian Parovel. Si un jour j'arrive à une telle qualité de discours, je serai fière de moi et, si je ne parviens pas à devenir magistrate, je m'orienterai vers la profession d'avocat.

Malheureusement, ces années d'université, et plus particulièrement chaque fois que j'avais des examens, ont été perturbées par des événements familiaux, surtout l'année de ma licence.

Au premier semestre, maman a souvent subi des arrêts de travail, les petits boulots étant de plus en plus fatigants pour elle. Et puis, en janvier 2012, c'est mon grand-père Ion qui est subitement tombé malade. Mes parents ont dû partir à son chevet.

J'étais alors en plein examen, et je n'ai pas pu m'y rendre tout de suite. Tant qu'il pouvait encore parler, il disait à mes parents que l'important était que je passe mes examens, que lui allait bien et que mes études étaient une priorité. Malgré ces paroles rassurantes, j'avais du mal à me concentrer. J'ai souffert pour rassembler mes esprits lors de mes partiels. Mais j'ai réussi l'examen pour lui.

Le lendemain, je prenais l'avion avec mes sœurs, direction la Roumanie. J'avais hâte de le voir une dernière fois, car je savais qu'il vivait ses dernières heures : maman nous avait préparées à cela. Nous avions envie d'être auprès de lui encore un peu comme lorsqu'il nous prenait sur ses genoux, sur le petit banc de pierre.

Avec Anita et Maria, je suis arrivée à son chevet la veille de son décès. Il nous a reconnues, a essayé de nous parler. Mais il n'en a pas eu la force. Il est mort dans nos bras le lendemain matin. Mort d'épuisement, d'avoir lutté. Ses poumons n'arrivaient plus à oxygéner son corps.

Il avait 70 ans. Il avait toujours beaucoup fumé. Ce matin-là, lorsqu'il a rendu son dernier souffle dans mes bras, j'ai revu cette image qui reste gravée dans ma mémoire : mon grand-père, les jambes croisées, allongé sur son lit, la pipe à la bouche. Je n'oublierai jamais les cris déchirants de ma mère qui tentait en vain de le réanimer.

A ce moment-là, maman n'était plus la femme forte, courageuse, aimante et rassurante que nous connaissions. L'espace d'un instant, elle était redevenue une petite fille désespérée et suffoquée par la douleur de perdre son père.

Le tabac avait tué mon grand-père. Le tabac, mais pas seulement cela ! Le labeur, les tracas, les conditions de vie inhumaines qu'il a tenté toute sa vie de minimiser avaient eu raison de lui.

Peut-être aurait-il pu vivre encore quelques mois s'il avait eu accès à des soins, s'il en avait eu les moyens. Il aurait suffi d'un simple appareil respiratoire, comme ceux dont on dispose partout en France, que l'on a cherché en Roumanie sans jamais le trouver.

Si seulement nous avions eu l'argent !

Et puis on ne m'ôtera pas de l'idée que, s'il avait pu se rendre à l'hôpital, les choses auraient peut-être été différentes. Mais c'était si difficile pour lui d'aller se faire soigner, non seulement en raison de l'aspect financier, mais aussi et surtout de l'éloignement. Hanul Rosu est à la périphérie de la ville ; les bus ne passent pas dans ce quartier, celui des Roms. Les taxis n'y viennent pas non plus. Et Ion n'avait pas de voiture. A son âge, aller à l'hôpital à pied, avec une jambe gangrenée, était impossible pour lui.

Une fois sur place, mon père a pu emmener mon grand-père à l'hôpital pour essayer de le faire bénéficier de soins. Mais il était déjà trop tard. Il n'y avait plus grand-chose à faire pour lui. Les médecins ont donc conseillé à papa de le ramener chez lui, dans sa maison, et de le laisser finir ses jours paisiblement.

Le problème, c'est que cela n'a pas été paisible, ni pour lui ni pour ceux qui étaient à ses côtés. Lui souffrait et nous souffrions de le voir souffrir.

Même si jamais il ne s'est plaint. Il faut dire que toute sa vie n'avait été que souffrance et misère, une vraie vie de Rom, avec comme seule satisfaction celle d'avoir une famille unie.

Même s'il a vécu les vingt dernières années de sa vie dans des conditions moins précaires que certains autres membres de notre communauté, mon grand-père maternel avait toujours été démuni. Il était issu d'une famille extrêmement pauvre. A tel point qu'il m'a souvent raconté que, quand il était petit, il vivait tout nu. Il n'avait tout simplement pas de vêtements. J'avais du mal à le croire, mais, lorsqu'il me disait cela, il avait le visage de ceux qui l'ont vécu.

Une de ses tantes lui avait confectionné une sorte de cape dans un sac en toile pour qu'il se couvre et n'aille pas tout nu à l'école. Car l'école, à l'époque, dans les campagnes roumaines, distribuait un pain à chaque enfant qui s'y rendait. Ion y allait pour cette raison, pour rapporter un morceau de pain qui allait nourrir une partie de la famille.

Ensuite, dès qu'il a eu la force nécessaire pour travailler et ainsi aider son père, il l'a fait. Il travaillait bien évidemment, comme tous les esclaves de l'époque, dans les champs, mais aussi au cimetière.

Quand, plus tard, il a pu quitter la campagne pour avoir un métier un peu plus décent, celui de gardien de serre, il a construit sa maison, une petite habitation en pierre avec un toit en tuiles rouges, une courette avec un banc en bois, où nous passions nos soirées d'été à l'écouter nous raconter ses histoires.

Dans son petit jardin situé derrière la maison, il faisait pousser des piments dans de grosses casseroles en terre. Il était fier de son jardin.

Je me souviens aussi qu'en hiver, quand il faisait très froid, mon grand-père mettait nos pieds dans sa chemise pour les réchauffer. Comme j'aimais cela !

Je l'adorais, mon grand-père Moustache. Il nous défendait toujours quand ma grand-mère nous disputait. Le soir, quand elle nous disait de rentrer, qu'il était tard et que nous étions juste à côté, sur son banc, il nous disait qu'on pouvait rester. Il nous laissait tout faire.

Mais il était à bout de souffle. Usé par le temps. Alors, il est parti, sans bruit, sans gêner la médecine, sans encombrer l'hôpital.

Car c'est ainsi, dans la réalité, que les Roms sont reçus dans les hôpitaux roumains. Les médecins nous disent que nous sommes sales et que, si nous sommes hospitalisés, nous allons venir avec toute notre famille, que ce sera un défilé insupportable. Et c'est vrai que, quand un membre de notre famille est malade, nous venons tous près de lui, à son chevet. Il y a beaucoup de monde, et cela crée, c'est certain, du dérangement. Mais de là à refuser une admission…

Mais le gros problème des hôpitaux roumains est surtout la corruption. Pour obtenir des soins, il faut payer le médecin, payer l'infirmière, c'est la seule solution. Si on n'a pas les moyens, on n'a pas de soins.

Je sais de quoi je parle, j'ai fait un séjour très difficile dans un hôpital roumain. C'était au cours de l'été 2003. A cause d'une rechute liée à mon accident, j'ai fait une occlusion intestinale pendant mes vacances à Craiova et j'ai dû être admise d'urgence.

Extérieurement comme intérieurement, l'hôpital était dans un état de décrépitude lamentable avec des conditions d'hygiène déplorables. Même quand on est très malade, on n'a pas envie d'y être soigné !

Pourtant, il s'agissait de l'hôpital public de Craiova, qui est quand même une grande ville. Les draps étaient déchirés, quand ils n'étaient pas assemblés entre eux pour en composer un ; les matelas étaient complètement défoncés ; il y avait trois à quatre lits par chambre. Evidemment, il n'y avait pas d'air conditionné : impossible de respirer, surtout que, cet été-là, la canicule sévissait. On devait me poser une sonde gastrique. Quand j'ai vu que les infirmières la mettaient dans des bouteilles en plastique, j'ai cru vomir. Mais que dire, que faire ?

En entrant à l'hôpital, j'ai pourtant eu l'impression d'être tombée sur des personnes qui avaient compris que nous venions de France et qui espéraient donc obtenir une rémunération importante ! Je n'ai pas été traitée comme l'aurait été une autre Rom.

Le médecin qui m'a soignée avait fait plusieurs séjours en France dans le cadre de sa formation ; il était parfaitement conscient de la différence entre les hôpitaux français et roumains. Il avait honte de l'état du système de santé roumain, ce qui ne l'empêchait pas de profiter lui aussi de la corruption ambiante. Pour couronner le tout, les infirmières de l'hôpital nous ont remis des ordonnances pour que mes parents aillent à la pharmacie acheter les médicaments.

Mes parents ont tout tenté pour me faire rapatrier en France et me faire opérer dans un hôpital digne de ce nom. Mais mon état m'interdisait de voyager. Je n'ai donc pas été opérée : les médecins roumains m'ont simplement soignée, et je suis rentrée à Bourg quelques jours plus tard. Si c'est possible, je ne remettrai jamais les pieds dans un hôpital roumain, car je doute que les choses aient changé.

Pour information, la Roumanie compte aujourd'hui un peu moins de 500 hôpitaux pour une population de 21 millions d'habitants. Rien qu'en 2010, une centaine d'établissements ont fermé leurs portes. Conséquence directe : de plus en plus de Roumains, les plus aisés, prennent des assurances spéciales et partent se faire soigner en Autriche ou en Turquie, où un tourisme médical florissant s'est mis en place.

C'est la même chose pour les jeunes médecins roumains pourtant formés dans nos universités. Ils préfèrent partir à l'étranger, souvent en France, parce qu'en Roumanie, les salaires qu'ils peuvent espérer avoisinent les 300 à 400 euros par mois.

Ce qui est certain, c'est que jamais je ne laisserai mes parents se faire soigner dans de tels établissements.

Depuis plusieurs années maintenant, papa souffre d'insuffisance rénale très sévère. Seuls 10 % de ses reins fonctionnent. Il est dialysé trois fois par semaine, attend une greffe depuis quelques mois et est inscrit sur la liste des receveurs depuis cette année.

Cette insuffisance rénale est liée à des problèmes cardiaques, notamment, et à une très forte tension due au stress. Papa se fait généralement beaucoup de souci. Il s'en est toujours fait pour nous, pour sa famille. Il est ainsi fait, c'est son caractère. Quand il est en crise, il lui arrive d'avoir des malaises et de monter jusqu'à 20 de tension. Pour ne rien arranger, il fume énormément. J'ai beau lui dire que ce n'est pas bon pour sa santé, il ne peut s'empêcher, dès que nous avons le dos tourné, d'aller en griller une.

Cette santé fragile, il la traîne depuis longtemps sans montrer le moindre signe de souffrance. Pendant toutes ces années de galère, de vie misérable, il a surmonté la douleur et les crises, parce qu'il n'avait pas le choix et parce qu'il fallait qu'il lutte au quotidien pour nous faire vivre le plus dignement possible.

En fait, il n'a reçu de véritables soins qu'ici en France, jamais avant. Mais quand il a commencé à pouvoir s'occuper de son corps, il était trop tard, le mal était fait depuis longtemps.

Pour nous, cela a été un choc d'apprendre qu'il était si malade. Nous ne nous y attendions pas du tout. Il l'avait tellement bien caché.

Il ne voulait pas nous inquiéter, refusait de devenir un boulet pour nous. Quand Vasile était venu lui rendre visite pour lui remonter le moral et lui dire de se battre, il avait un peu repris des forces, mais les douleurs étaient trop fortes.

Il s'est rapidement retrouvé dans l'incapacité de travailler. Il est aujourd'hui assez sérieusement amoindri par son problème de santé. Et, même s'il a toujours cette volonté de travailler, personne ne peut l'embaucher dans l'état où il est.

J'ai mal pour lui. Mal de le voir ainsi. Il s'est tant battu pour nous, a tant sacrifié pour nous. Aujourd'hui, il est malade et a l'impression d'être inutile, de ne pas pouvoir nous aider. Je sais que c'est très frustrant pour lui, que ça l'affecte beaucoup.

Pour lui, pour tout le mal qu'il s'est donné, pour tout l'amour qu'il nous a prodigué chaque jour, je veux que ma vie soit une réussite, pour lui apporter un peu de réconfort et de bonheur.

Quant à maman, elle travaille dans un hôtel. Elle a 44 ans, mais en paraît beaucoup plus. Là où elle est employée, la moyenne d'âge de ses collègues femmes de chambre est de 25 ans, rarement plus. Elles ne tiennent pas très longtemps d'habitude. « C'est trop dur ! disent-elles. Trop fatigant ! »

Maman, elle, tient le coup. Tous les jours, elle part au travail à pied, parcourt trois kilomètres, passe la journée à nettoyer, laver, récurer, changer des draps, soulever des sacs de linge, sortir les poubelles…

Avec le temps, cela devient de plus en plus dur pour elle. Depuis quelques mois, elle perd peu à peu l'usage de son bras gauche. Il a trop encaissé, trop soulevé. Elle a bien eu des infiltrations, mais la douleur est tenace et revient toujours très vite, trop vite. Il faudrait qu'elle se fasse opérer, mais elle n'en a pas le temps, pas les moyens.

Récemment, elle a dû être opérée des varices. Une intervention qui, en théorie, nécessitait plusieurs mois d'arrêt de travail. En réalité, elle a repris au bout d'un mois, ne pouvant rester à la maison sans rien faire, sans gagner d'argent. Donc, son opération n'a pas servi à grand-chose.

Quand elle rentre à la maison après sa journée, elle a des douleurs immenses. Elle ne peut presque plus bouger son bras et ses jambes.

Malgré tout, elle prépare le dîner pour la famille et continue à s'occuper de la maison comme si de rien n'était. Elle est le pilier de notre famille ; nous serions tous un peu perdus sans elle.

Je suis inquiète de voir mes parents ainsi et de ne pas pouvoir faire grand-chose pour eux, de me sentir impuissante face à leur maladie. C'est pour cette raison que j'espère réussir au plus vite pour pouvoir leur dire : « Voilà, vous pouvez vous reposer enfin ! Je suis là pour vous aider, je prends le relais. Vous avez assez travaillé, assez donné toute votre vie, maintenant, reposez-vous un peu sur nous. »

En attendant, je n'ai que mon maigre pécule de boulots d'été pour les aider. Et encore, il est en partie amputé par le coût de mes études.

Maria, elle, a commencé à travailler. Elle a trouvé un poste intéressant, ce qui, j'espère, va soulager mes parents dans l'immédiat puisqu'elle vit encore avec eux.

Ma petite sœur est au collège. Elle poursuit ses études, et ma grande sœur nous a toujours aidés, même en ayant sa propre famille à entretenir. Avec ce qu'elle a pu, tant bien que mal parfois, elle a fait plus que largement sa part.

Je ne pourrai jamais rendre à mes parents tout ce qu'ils m'ont donné. Ils se sont toujours sacrifiés pour nous, mes sœurs et moi. Ils ont toujours été là pour nous encourager, nous câliner, et cela remplace tout ce que matériellement nous n'avons pas eu. A leurs yeux, nous sommes leur plus grande richesse. Ils le disent très souvent. Et c'est la même chose pour nous, leurs enfants : ils sont notre plus grande richesse.

Heureusement que nous avons fait ce voyage et que nous sommes partis de Roumanie ! Si je n'avais pas quitté mon pays, j'aurais aujourd'hui une vie beaucoup moins heureuse et beaucoup moins satisfaisante, en tout cas, totalement différente, c'est sûr.

Si j'étais restée là-bas, je n'aurais pas pu faire d'études. Le fait d'être venue en France a été pour moi une immense chance, parce que je sais qu'en Roumanie, il n'y a pas eu de changement profond. L'image des Roms n'a pas évolué. Nous sommes toujours considérés comme des gens malhonnêtes, qui ne travaillent pas et sont infréquentables. Les portes nous sont toujours fermées. Très peu d'entre nous travaillent, très peu font de longues études, même si quelques-uns y parviennent. Mais ils restent des exceptions.

A la campagne, dans les petits villages, beaucoup d'enfants roms sont déscolarisés. Ce problème est réel et connu. La plupart des Roms qui ont réussi se sont fondus dans l'environnement roumain, se sont fait passer pour des Roumains et ont caché leur identité. Comme mon grand-père, comme mes parents et comme Marius.

Les Roms sont étiquetés, c'est affiché sur leur front : tu es rom, tu n'y arriveras pas ! Ils sont reconnaissables tout de suite et montrés du doigt.

Cela me rappelle un épisode récent et très marquant que j'ai vécu lors des vacances d'été en 2010. J'étais en

Roumanie dans ma famille, j'étais heureuse de retrouver mes cousins et cousines, les deux Tibi, Valentin, Mirabella, Diego et Maldini. Ils ont entre 18 et 25 ans. Ils vivent là-bas, ou plutôt ils tentent de vivre du mieux possible.

Nous communiquons souvent par Internet, je suis proche d'eux. Ils me disent que je suis leur fierté, celle qui a réussi, que l'on prend en modèle, que l'on cite dans les conversations.

Pendant ces quinze jours passés à Craiova, nous ne sommes presque jamais sortis du quartier et de la rue Hanul Rosu. Nous nous réunissions chez les uns ou les autres, mais nous n'allions que très rarement en ville. Il fallait en effet ne pas sortir trop en groupe pour ne pas se faire remarquer des Roumains. En Roumanie, encore plus qu'en France, nous ne pouvons pas faire la même chose que les autres jeunes de notre âge.

La seule fois où nous avons voulu aller à Craiova, c'était pour fêter nos retrouvailles. Nous nous sommes fait virer d'un restaurant parce que nous étions roms. Nous venions juste d'entrer et allions nous asseoir quand un serveur nous a dit que, pour nous, c'était uniquement des plats à emporter. Pourtant, il y avait de la place dans le restaurant, car la quasi-totalité des tables était libre.

Ce même soir, mes cousins ont voulu m'emmener en boîte de nuit. Mais là, pareil ! Quand on est rom, on n'entre pas. Roms, Gitans, Tziganes : quel que soit le nom que l'on nous donne, notre peuple a toujours été victime de la haine des Roumains, et ce, jusqu'aux plus hauts niveaux de l'Etat. Ai-je besoin de rappeler la phrase de cet homme politique exerçant dans les plus hautes sphères du gouvernement roumain qui, lors d'un discours devant le Conseil de l'Europe en mai 2003, avait déclaré : « Il faut construire des camps spéciaux et garder les Roms hors des villes. » Et que dire de ce propos diffusé à la télévision roumaine en 2005 par le maire de Craiova concernant les Roms : « Si je les mettais dans un zoo et les montrais à des enfants en leur disant de regarder les singes, ils ne verraient pas la différence. »

Comment peut-on tolérer cela ?

Les Roms qui, de tout temps, se sont battus contre la discrimination et qui croyaient que l'intégration de leur pays à l'Union européenne allait leur offrir une vie meilleure n'ont rien vu changer. Pire encore, dès qu'un acte criminel est perpétré dans le pays, les regards se portent toujours sur notre communauté.

Et la récente déclaration du président Basescu, qui a présenté ses excuses, au nom de l'Etat roumain, pour la déportation des Roms durant l'Holocauste, n'a pas résolu le problème ou changé les mentalités.

Les jeunes voient qu'il n'y a pas d'avenir pour eux sur place. Trouver un travail reste très difficile. La plupart ne peuvent pas faire de longues études, pas dans un bon environnement. Pour s'en sortir, pour avoir une vie correcte, leur seule chance, estiment-ils, est de partir pour trouver de quoi vivre à l'étranger.

Je leur dis cependant que ce n'est pas facile non plus en France et que rien ne tombe du ciel. Ce n'est pas parce qu'on arrive en France que tout nous est servi sur un plateau. Il faut se battre pour arriver à avoir une place. Les Roms de Roumanie sont bien conscients des difficultés, mais, quand on est au jour le jour dans la misère, on se dit qu'ailleurs ce sera mieux.

Mon message, mes conseils, c'est de les encourager à continuer d'aller à l'école, que c'est la seule façon de réussir, autant en France qu'en Roumanie, à trouver un métier et avoir une vie digne.

Les jeunes Roms, aujourd'hui, ont envie de faire des études, car ils se rendent compte que c'est possible d'y arriver. Avant, ils n'avaient pas vraiment d'exemple de réussite ; ils se disaient que l'école ne servait à rien pour eux, qu'elle ne représentait pas d'espoir. J'espère pouvoir devenir un exemple de réussite.

De plus, ils sont aujourd'hui de plus en plus préparés à ce qui se passe ailleurs. Ils le sont en tout cas beaucoup plus que nous ne l'étions.

Ils voient quotidiennement à la télé les conditions de vie des Roms en France ou en Italie. Les camps de Roms sont désormais filmés et, grâce à Internet, les images arrivent immédiatement en Roumanie. Ils savent aussi que certains reviennent, car ils n'ont pas réussi à se faire une place ailleurs.

Malgré cela, les jeunes ont envie de tenter l'aventure, se disant qu'au moins ailleurs, il y a une chance. En attendant cette opportunité, mes cousins essaient de travailler dans le bâtiment et sur des chantiers de travaux publics. C'est là qu'on les embauche le plus souvent. Certains d'entre eux, comme mon cousin

Bonita, font aussi des études. Il est d'ailleurs en passe d'obtenir un diplôme dans le domaine de l'informatique.

Patrian, le mari de ma cousine Simona, essaie de faire bouger les choses. Il organise souvent des rassemblements de jeunes Roms pour aller discuter avec la police et essayer de débloquer un peu les situations difficiles. Il est devenu avec le temps l'intermédiaire entre les Roms, les forces de police et les institutions de Craiova.

Mais qu'il est difficile de défendre ses droits quand on est un peuple sans territoire ! Naître rom au XXIe siècle est malheureusement toujours un handicap.

VII

En mai dernier, j'ai obtenu ma licence. Un accomplissement, une récompense ? Non, c'est simplement une étape, même si, il faut l'avouer, l'obtention de ce diplôme a été largement fêtée en famille et avec mes amis. J'aurais tant aimé l'annoncer à mon grand-père, lui dire que sa petite-fille avait réussi ! J'aurais tant aimé montrer ce beau diplôme à mon oncle Vasile !

J'ai présenté deux dossiers pour mon master : un pour Lyon 3, l'université la plus proche de chez moi, et un pour la Sorbonne, l'une des universités les plus anciennes d'Europe, et la plus prestigieuse. Honnêtement, j'ai fait cette demande en me disant que j'avais peu de chances d'être admise.

Pour constituer le dossier, il fallait fournir des photocopies du diplôme du baccalauréat et de la licence, avec les notes obtenues. Il fallait aussi joindre une lettre de motivation. Cette lettre, je l'ai pensée pendant des heures, j'y ai réfléchi pendant de longues nuits pour qu'elle soit parfaite, décisive. Elle était adressée au responsable du Master Justice et procès de l'université Paris 1 Panthéon-Sorbonne.

Monsieur,
Ayant récemment obtenu ma licence en droit privé avec mention au CEUBA antenne burgienne de la faculté Jean Moulin LYON 3, je vous propose ma candidature pour le Master 1 Justice et procès au sein de votre établissement.
Au cours de mon cursus, j'ai eu l'occasion d'investiguer plusieurs domaines du droit. J'ai ainsi pu marquer ma préférence en droit privé et plus particulièrement en droit pénal. Je suis de surcroît intéressée par le droit européen et le droit fiscal. C'est pourquoi j'aimerais sincèrement bénéficier des enseignements dispensés dans ce master. Le droit pénal spécial et international, la procédure pénale et le contentieux européen suscitent particulièrement mon intérêt. Le choix de ce master m'apparaît le plus approprié dans la construction de mon projet professionnel qui est celui d'intégrer l'ordre de la magistrature.
Le stage d'observation que j'ai eu la chance d'effectuer durant le mois de juin, au sein du TGI de Bourg-en-Bresse, m'a permis de confirmer ce projet. Bien que cette expérience fût brève, je l'ai néanmoins fortement appréciée. Les métiers de la magistrature suscitent plus que jamais de l'admiration en moi. Certaines aptitudes indispensables à l'exercice de ces professions m'ont été révé-

lées : réactivité, rapidité, efficacité, disponibilité, mais aussi et surtout la confrontation constante à des situations graves. Une force de caractère et une réelle maturité sont ainsi requises en vue de l'accomplissement de ces missions. Qualités que je pense détenir pour partie et que je développerai tout au long de mon parcours universitaire, d'autant plus si j'ai la chance de l'effectuer dans votre université.

Ayant été confrontée depuis mon enfance à des injustices criantes en raison de mon appartenance ethnique, la vocation à devenir magistrat s'est imposée à moi comme une évidence. J'envisage donc de passer prochainement le concours de l'Ecole nationale de la magistrature de Bordeaux. Etant tout à fait consciente des difficultés qui se posent pour réussir ce concours, je mettrai tout en œuvre pour les surmonter. C'est pourquoi votre formation me semble propice à une bonne préparation à cette épreuve.

En effet, si mon choix s'est porté précisément sur votre master, c'est parce que j'espère de tout cœur pouvoir bénéficier d'un enseignement de haute qualité dans l'une des plus prestigieuses universités d'Europe. Riche de huit siècles d'expérience, la Sorbonne apparaît comme une école de référence non seulement en droit, mais aussi dans les autres sciences humaines.

J'ai l'intime conviction que l'intégration et la réussite de ce master représenteraient pour moi

un pas considérable menant vers la réussite de ce concours.
Mieux qu'un courrier, un entretien vous permettra d'apprécier ma sincère motivation. Je reste à votre disposition pour toute information complémentaire.
Veuillez agréer, Monsieur, l'expression de mes salutations distinguées.

J'ai cru savoir qu'une commission s'était réunie quelques semaines plus tard pour statuer sur mon cas.

J'avais hâte de savoir. Je n'osais pas en parler. A la maison, j'avais demandé qu'on ne m'en parle pas, mais je sentais bien que mes parents, comme mes sœurs, ne pensaient qu'à cela, tout comme moi.

Heureusement, j'étais accaparée par mon travail à l'agence immobilière et par les ménages que je faisais le soir, un autre petit boulot d'appoint pour m'aider à financer mes études. Travailler du matin au soir, rentrer à la maison pour aider maman dans ses tâches ménagères, cela m'évitait de trop y penser.

Et puis, un matin de juillet, mon père m'a appelée sur mon portable pour me dire que j'avais reçu un courrier de l'Université de Paris.

— Tu veux que je l'ouvre ? m'a-t-il lancé.

— Non, surtout pas, je verrai ça ce soir. De toute façon, je connais la réponse, c'est négatif.

Papa m'a alors convaincue du contraire.

L'attente jusqu'au soir fut longue, très longue. J'avais ce jour-là quelques visites d'appartements dans le centre de Bourg. Je n'arrivais pas à me concentrer sur ce que je faisais et je crois que, le soir, je n'ai jamais marché aussi vite pour rentrer chez moi.

En ouvrant la porte, j'ai vu que tout le monde m'attendait, papa faisant semblant de lire le journal, maman en cuisine. C'est finalement Marie-Amélie qui a lancé : « Tu as reçu une réponse ! »

J'avais redouté cet instant toute la journée et, là, j'étais devant cette enveloppe posée sur la table de la salle à manger. Des dizaines de frissons parcouraient mon corps, mes mains étaient moites. J'avais peur, oui, j'avais peur.

Mademoiselle,
J'ai l'honneur de vous informer qu'un avis favorable a été émis suite à votre demande d'inscription en Master 1 Justice et procès, sous réserve que vous ne soyez pas déjà inscrite dans un autre établissement, sur présentation de l'original et de la photocopie de l'attestation de réussite ou du diplôme de licence...

Il paraît que mon regard s'est illuminé en quelques secondes. J'ai relu la lettre à haute voix, maman a crié sa joie, mes sœurs sont venues tout de suite près de moi me prendre dans leurs bras... Je ne me souviens pas de leurs mots. J'ai alors tourné mon regard vers papa : il pleurait.

Les jours qui ont suivi, j'ai souvent relu cette lettre, mais je n'osais pas dire à mon entourage que j'allais entrer à la Sorbonne. J'avais peur que cela ne se réalise pas. Il y avait beaucoup d'obstacles financiers et matériels, et puis, cela impliquait aussi de quitter ma famille pour la première fois, et ça, c'était un grand pas.

Mes parents, eux, ont moins hésité. Même s'ils avaient encore plus peur que moi de devoir se séparer de leur fille, ils ne voulaient pas que je passe à côté de cette opportunité.

Mon père connaissait le prestige de la Sorbonne. Pas un seul instant il n'a eu la moindre réticence à l'idée de me voir quitter la maison. C'est même lui qui m'a dit : « Bien sûr que tu dois y aller ! C'est la chance de ta vie. Tu ne vas pas la rater parce qu'on n'a pas les moyens de te le payer. On va tout faire pour. »

Peu de parents roms auraient accepté si facilement mon départ pour des études. Même pour des parents français, il est toujours difficile de laisser partir son enfant. Les miens l'ont fait sans hésitation, même si cela leur coûtait beaucoup.

Ils avaient bien compris qu'on ne pouvait pas dire non à cela, que c'était dans notre intérêt, qu'il fallait un peu se détacher, parfois, de ses traditions.

Mon admission à la Sorbonne est aussi une sorte de reconnaissance et un grand message de remerciement pour Anita, qui a dû travailler le plus vite possible pour compléter les revenus de la famille, alors qu'elle a toujours très bien réussi à l'école et qu'elle avait des facilités. Avec cette humilité qui la caractérise, elle ne cesse aujourd'hui de me dire qu'elle n'a pas de regrets. Il y a peu, elle a même ajouté : « De toute façon, je n'aurais pas été capable d'aller aussi loin que toi, d'être aussi pugnace que toi. »

Anita est très contente pour moi et appréhende aussi beaucoup le fait que je quitte Bourg-en-Bresse. Elle m'a dit qu'elle viendra me voir le plus souvent possible, avec ses enfants et son mari. Il n'y a pas de jalousie, pas de regrets, que du bonheur et de l'amour que je perçois dans ses yeux lorsque je la regarde. Elle et son mari disent souvent à leurs enfants de bien travailler à l'école, pour aller à la Sorbonne, comme moi... C'est touchant. On ne peut pas échouer quand on a une telle famille derrière soi.

Mes deux autres sœurs ont le même discours : elles sont heureuses pour moi et rêvent de me voir réussir.

L'étape suivante consistait à trouver un logement à Paris. J'avais fait une demande d'aide au logement, mais le CROUS avait fermé entre-temps : c'était l'été !

Dans l'agence immobilière où je travaillais, je regardais les annonces pour la location d'un studio à Paris. Entre 600 et 800 euros pour une chambre de neuf mètres carrés ! Jamais je ne m'étais imaginé cela. Je me disais surtout que c'était très compromis pour moi, que mon rêve allait être brisé à cause d'un logement trop cher.

Mais le CROUS a enfin rouvert en août et, après de multiples appels, j'ai réussi à les joindre. On m'y a informé que la plupart des places avaient déjà été attribuées, qu'il y avait peu de chances pour moi de trouver un studio ou une chambre.

Mais on m'a également fait comprendre que, si je voulais mettre toutes les chances de mon côté, il était impératif que je vienne à Paris, au cas où il resterait des logements pour les boursiers.

J'ai donc pris la direction de Paris avec papa. Il sortait d'une matinée de dialyse. Il était très fatigué, mais m'assurait que tout allait bien. Il voulait être là, avec moi. Il voulait aussi, comme moi, découvrir Paris, ses grandes avenues, ses monuments.

Mais nous n'avons pas eu le temps de voir grand-chose. Notre temps était compté et, surtout, je ne voulais pas qu'il se fatigue. Nous sommes donc allés à l'essentiel, avons expédié les formalités administratives d'inscription, et puis, au CROUS, on m'a confirmé qu'il restait bien un studio disponible, dans le XXe arrondissement, mais qu'il était impossible de le visiter. Il a fallu que je prenne une décision rapide, car il y avait d'autres demandes sur cette liste d'attente. J'ai donc signé, sans voir les lieux, pour un montant de loyer convenable pour un étudiant qui bénéficie des aides.

— Maintenant que tout cela est fait, on va voir la Sorbonne ! m'a alors lancé mon père.

— Si tu veux, lui ai-je répondu.

Au fond de moi, c'était aussi ce dont je rêvais. Lui, peut-être plus que moi encore…

Lorsque nous sommes arrivés dans le Quartier latin, j'ai pris comme une grande respiration, une grande bouffée d'air. J'avais un peu la même impression que celle à jamais gravée dans ma mémoire de cette grande respiration prise dans les Alpes un certain matin de décembre 1997.

Depuis des mois, je rêvais de voir la Sorbonne. Devant ce bâtiment immense, dont il émane quelque chose d'imposant, je me suis dit qu'il fallait absolument que je sois à la hauteur de ce lieu. Je ressentais une grande émotion. Et papa était aux anges : découvrir ce lieu majestueux qui allait dans quelques semaines accueillir sa fille était pour lui merveilleux.

Quatorze ans après notre arrivée en France, on peut dire que mon père avait sa première immense satisfaction, un bonheur matérialisé par ce lieu, par cette lettre d'admission, par ce logement qui m'attendait.

Pour moi, cela avait malgré tout un petit goût d'amertume, car je me rendais compte qu'il est finalement plus facile de réussir ses études que d'obtenir des papiers.

Malgré ce parcours que certains jugent d'excellence, avec toutes ces preuves de parfaite intégration, je n'ai en effet pas encore obtenu la nationalité française. C'est un véritable paradoxe : j'ai réussi ce que de nombreux Français ne réussissent pas et je ne suis toujours pas française !

Depuis 2010, j'ai une carte de séjour de résident français, valable jusqu'en 2020, qui me sert aussi de carte d'identité. C'est ce qui me donne le droit d'être ici et de travailler.

Nos cartes de séjour précédentes avaient une durée limitée à un an, et nous devions les renouveler. Depuis mes 18 ans, j'en ai une personnelle. Courant 2010, j'ai fait une première demande de naturalisation, qui m'a été refusée parce que je n'avais pas de revenus fixes pour pourvoir à mes besoins quotidiens. Je ne remplissais donc pas les conditions pour devenir française, même si j'étais en France depuis presque 13 ans.

Cette naturalisation est indispensable pour moi. Pour pouvoir tenter le concours de l'Ecole nationale de la magistrature, je dois avoir la nationalité française. Le magistrat appartenant à la fonction publique, il est impératif qu'il soit citoyen français pour y être admis. Là-dessus, il n'y a aucune exception.

Aucune dérogation. J'ai bien rassemblé toutes les pièces demandées. On peut ajouter au dossier des éléments pour témoigner de notre intégration. J'avais donc cité mon appartenance à une association d'étudiants, quelques articles sur ma sœur quand elle avait gagné le concours de la francophonie, mes diplômes, des fiches de paie de mes petits boulots d'été. Je pensais que ce serait suffisant, mais non…

J'avoue que je ne m'attendais pas à une réponse négative ; j'étais déçue, très déçue de ce frein à mon projet. A tel point que je ne pouvais pas m'y résigner, que je ne pouvais pas baisser les bras si facilement. Je me suis dit qu'il ne s'agissait que d'un obstacle de plus à surmonter.

J'ai donc envoyé une lettre de recours, manuscrite, comme le veut l'usage. Mais j'ai de nouveau reçu une réponse négative, la missive à en-tête de la République française m'expliquant qu'après étude du dossier, je ne remplissais toujours pas les conditions requises pour obtenir la nationalité française, que j'avais un ajournement de deux ans et qu'ensuite, je pourrais de nouveau déposer ma demande.

A la suite de cela, j'ai vu un médiateur de la République pour savoir ce qu'il était possible de faire, si je devais intenter un recours contentieux. Je savais que c'était une démarche très longue et coûteuse. Il m'a dit que ce n'était pas la peine que je m'engage dans cette voie. Le temps que ma demande aboutisse, deux ans se seraient écoulés, et je pourrais de nouveau déposer une demande.

Peut-être aurai-je la chance de l'obtenir lorsque je serai entrée en master, puisque je pourrai ainsi justifier d'un deuxième cycle d'études supérieures.

Obtenir la nationalité française pour achever ce parcours et pouvoir atteindre ce rêve de devenir magistrate est mon vœu le plus cher. Si je n'y parviens pas, ce sera, à coup sûr, comme un château de cartes qui s'écroulera. Je redoute cette issue cruelle uniquement à cause d'un obstacle administratif qui me paraîtrait tellement injuste. Mais, si je ne peux vraiment pas accéder à la magistrature, je serai avocate.

En attendant, il fallait que je savoure le fait d'être admise à la Sorbonne. Mes parents s'étant empressés d'en informer toute ma famille, les coups de téléphone venus de Roumanie se sont succédé. Les messages sur Internet aussi. Et puis il y a eu l'appel de Marius.

Marius est l'un de mes modèles. C'est le seul Rom de mon quartier qui ait aussi bien réussi dans la vie. Il est très intelligent, très doué, peut-être même surdoué.

Enfant, il habitait avec ses parents dans la même rue que nous. Il ne voulait pas quitter sa famille, mais il aurait rêvé de faire des études en France. Quand il a appris que j'étais admise à la Sorbonne, il en a pleuré de joie. Et ce n'est pas une personne qui pleure pour rien !

Il me disait au téléphone : « C'est extraordinaire, la chance que tu as ! C'est la chance de ta vie ; il ne faut pas que tu la rates. C'est maintenant ou jamais. Et surtout, n'oublie pas d'où tu viens. »

Lui ne l'a jamais oublié. Durant toute sa vie, il a redoublé de vigilance pour cacher à tout le monde qu'il était rom, avec cet atout considérable : il n'a pas le visage typique d'un Rom et a la chance de ressembler à un Roumain.

Après avoir réussi ses études, il avait trouvé un poste dans une société d'assurances, un emploi correspondant aux études qu'il avait faites. Quelques années plus tard, il devait être promu à un haut poste dans cette entreprise.

Tout le monde s'attendait à ce que ce soit lui qui l'obtienne, mais son patron lui a fait savoir qu'il ne pouvait pas lui accorder cette promotion, qu'elle reviendrait à une collègue, moins compétente que lui, mais « vraie » roumaine.

Cette injustice l'a dévasté : il était rom et avait été dénoncé. Depuis, il renie ses origines roms. Il pense comme un Roumain, vit comme un Roumain et s'est juré de ne plus parler rom. A 30 ans, il s'est remis aux études, a refait un master à Bucarest, en partenariat avec une école anglaise, et a obtenu un deuxième diplôme.

A 44 ans, il est aujourd'hui directeur de banque à Craiova. Et chaque jour qui passe, il prie pour que personne ne découvre, une nouvelle fois, qu'il est rom.

A Bourg, tous mes amis étaient également heureux pour moi. Mes amis d'université, Morgane, les deux Stéphanie, Amandine, Marc, Leyla, Emilie, Emina, Helene… et Maïté, bien sûr, mais aussi et surtout Alexis, le fils de Jacqueline.

Lui, je le considère un peu comme mon grand frère. Il a huit ans de plus que moi, mais, comme ses parents et sa sœur, il a toujours été là pour moi. Après avoir étudié au lycée Quinet, il est parti pour Grenoble, puis Belfast pour y apprendre les sciences humaines. Car « humain » est le qualificatif qui lui va le mieux. J'ai toujours en mémoire l'image de ce jeune garçon qui venait nous voir lorsque je faisais la manche avec maman sur la place du marché.

A l'époque déjà, il n'était pas comme les autres ; il aimait rendre service, il aimait se préoccuper des autres. C'est certainement pour cela qu'il a poursuivi ses études à l'Ecole supérieure de journalisme de Lille et qu'il est aujourd'hui parvenu à faire de sa passion du journalisme son métier.

C'est donc grâce à lui et avec mon accord que mon histoire a été révélée un matin d'août 2012. Le lendemain de mon interview sur RTL avec Frédéric Perruche, de nombreux médias m'ont sollicité pour que je parle de mon parcours, de ma future entrée à la Sorbonne.

Puis ce furent les journaux roumains et la télévision roumaine qui ont embrayé et mettaient à la une de leurs éditions qu'une jeune Rom entrait à la Sorbonne. Tous les journaux télévisés en parlaient ; j'ai passé deux jours au téléphone avec des journalistes de mon pays. C'était étrange !

On entend toujours parler des Roms ayant commis des délits, jamais en bien. Mais, la preuve, il y a des exceptions.

J'aurais toutefois préféré que l'on présente mon parcours de façon moins exceptionnelle. Pour moi, cela n'a rien d'exceptionnel qu'une Rom réussisse.

Les Roms ont évidemment exactement les mêmes capacités que les autres êtres humains. Je dirais même qu'ils en ont plus, du fait justement des difficultés de leur quotidien, des épreuves qu'ils ont eues à subir depuis des siècles. Cette dureté de vie qui a forgé leur caractère au fer rouge, qui leur donne ce courage, ce goût de l'effort, cette soif de réussir et de se dépasser. C'est ce qui les fait peut-être aussi autant aimer la vie, l'instant présent, car le futur est toujours incertain pour les Roms.

Vivre le bonheur et le malheur avec passion, avec des cris et des larmes, des danses et des chants. Voilà une autre caractéristique intrinsèque à mon peuple, une caractéristique pour laquelle ils sont souvent blâmés, qui les fait passer une fois de plus, aux yeux des Occidentaux, pour un peuple barbare. Je trouve, au contraire, que nous sommes un peuple chaleureux, simple et entier.

Mais, finalement, j'accepte et je comprends que l'on puisse décrire mon parcours comme exceptionnel. Et si cela contribue à faire passer le message que les Roms peuvent aussi être des gens travailleurs et honnêtes, alors, c'est bien.

Trop souvent, il y a ce que j'appelle une guerre très médiatisée contre le Rom. Et, chaque fois, je me sens agressée. J'ai l'impression que le Rom, en Roumanie comme en France, est l'ennemi national. Alors, je me bats. Et la meilleure façon de lutter fut, pour moi, d'affirmer dès le lycée que j'étais rom et que j'irais un jour étudier le droit à l'université.

Je n'empêcherai jamais les gens de dire que les Roms sont nuisibles, que, s'il y a eu des vols à côté de chez eux, c'est à cause des Roms. Je veux simplement qu'ils comprennent que, comme dans bien d'autres communautés ou ethnies, les personnes ne sont pas toutes les mêmes. Certains ne sont pas décents, on ne peut pas le cacher, d'autres sont des gens honnêtes, qui méritent une place dans la société et qui méritent d'être respectés.

J'aimerais aussi que mon parcours et mon message arrivent jusqu'aux oreilles des Roms de Roumanie. J'aimerais les persuader qu'ils ne doivent pas se résigner à leur vie. J'aimerais répéter de façon encore plus insistante aux jeunes Roms qu'ils ne doivent pas se contenter d'une existence médiocre, qu'ils ne doivent pas avoir peur de se forger de grands rêves et de les mener à bien. Avec du travail, on peut réussir. Avec un peu de chance et un peu d'aide aussi.

Je veux aussi leur dire de cesser de se complaire dans cette image infâme qu'on leur a façonnée. Ils doivent fournir deux fois plus d'efforts que nécessaire pour prouver qu'ils méritent le respect normalement dû à chacun du simple fait de sa nature humaine.

Le déclencheur pour moi a été l'envie de m'en sortir, stimulée par l'encouragement de mes parents.

En me décidant à parler de mon histoire, en osant raconter les plus noires périodes de mon parcours, celles que je souhaite oublier et sortir à jamais de ma mémoire, je voudrais aussi changer le regard des gens.

Peut-être est-ce très utopique de ma part, mais les choses évolueront le jour où les mentalités auront changé ; quand on aura appris à nous connaître en tant que personnes, en tant qu'êtres humains sans tenir compte de notre appartenance ethnique ; en voyant au-delà de l'image d'Epinal, des longues robes colorées et du Rom qui vit et vivra toujours dans sa roulotte.

Dans l'esprit des gens, l'image de la caravane n'est jamais très loin. Je ne suis pas concernée, mais cela me touche toujours.

J'ai grandi et je me suis forgé une carapace, mais c'est un peu une réaction épidermique. Je ne corresponds pas à ce qu'ont en tête les gens et j'espère que cette conception va changer.

Toute ma famille, depuis des générations, est sédentaire. Je plaisante volontiers là-dessus parce que je trouve que c'est une façon de faire passer le message : ma mère ne fait pas cuire du hérisson pour nos repas, et mon père ne joue pas de la guitare. C'est d'ailleurs dommage : j'aurais bien aimé qu'il en joue et qu'il sache danser ! Mais non.

Aujourd'hui, je me sens plus française que rom. Je vis comme une Française, je pense en français, mais je reste rom et, à la maison, tout le monde parle rom. C'est notre façon de ne pas oublier d'où l'on vient.

Et quand je vois les images médiatisées de ces camps roms démantelés, cela me touche, forcément. Je sais ce qu'ils vivent, j'ai été confrontée à cela. Je sais ce qu'est la misère.

Au fond de moi, je suis toujours la petite fille de Craiova. Les souvenirs restent, même si mon avenir est en France. Mais une partie de moi est toujours à Craiova, dans la petite rue en pierre où nous vivions tous ensemble.

Tous les Roms de Craiova doivent désormais savoir ce que je suis devenue. Ma famille en est tellement fière qu'elle le dit à tout le monde. J'ai été surprise qu'ils soient si heureux, si enthousiastes et qu'ils m'encouragent autant. Surtout mes deux grands-mères qui ont plus de 70 ans. Elles n'ont jamais fait d'études et, pourtant, elles me soutiennent. Elles ne connaissent peut-être pas le prestige de la Sorbonne, mais elles en sont très heureuses. Elles me disent qu'il faut que j'aille le plus loin possible, que je devienne juge. Je n'ai pas le droit de les décevoir, et c'est une pression supplémentaire pour moi.

La Sorbonne est pour moi le sommet de l'édifice. Je veux mettre toutes les chances de mon côté pour réussir parce que je n'ai pas droit à l'erreur. Le plus gros sacrifice est de devoir quitter ma famille. J'appréhende d'être seule sans eux et sans mes amis qui vont tous aller à l'Université de Lyon.

J'aurais pu aller à Lyon avec eux, mais je vais me retrouver seule dans une grande ville où je ne connais presque personne. A Bourg, quand je rentrais des cours, maman avait préparé le repas. Je n'avais qu'à mettre les pieds sous la table et à manger.

Elle rangeait même ma chambre quand je n'avais pas le temps de le faire alors que j'ai 22 ans ! Elle était aux petits soins pour moi. Quand ça n'allait pas, que je n'avais pas réussi un devoir, elle me réconfortait. Elle me disait que ce n'était pas grave, que j'aurais de bonnes notes, comme d'habitude. Ces encouragements comptaient énormément, et je sais qu'à Paris, je n'aurai plus la même chose…

Mais, le plus important, c'est que je sais pourquoi je vais à Paris. Depuis que je suis toute petite, je veux porter la toge. Je trouve cette robe noire magnifique. Chaque fois que je suis allée au tribunal pendant mes trois années de licence, j'ai été impressionnée de voir des magistrats, leur prestance, leur façon d'être, de s'exprimer. C'est ce métier qui m'attire vraiment.

Peut-être cette envie de faire du droit est-elle aussi survenue à la suite de mon accident lorsque j'étais petite. Le fait que le responsable n'ait pas reconnu sa faute m'a semblé être une vraie injustice, frustrante et cruelle.

VIII

Ma rentrée universitaire à la Sorbonne a eu lieu le lundi 17 septembre 2012.

Mon papa, ma sœur Maria et moi avions quitté Bourg-en-Bresse le samedi matin avec la voiture bien chargée de provisions, préparées avec soin par ma maman, pour que je ne manque de rien à Paris.

Elle était très inquiète de me laisser partir. Elle était surtout déçue de ne pas pouvoir m'accompagner jusqu'à la porte de la Sorbonne. Je suis même certaine que, si elle en avait eu la possibilité, elle aurait aimé me tenir la main jusqu'au bout. Elle est comme ça, maman, et rien ne la changera.

Au moment de notre départ, elle partait à son travail. Elle était très émue, et je voyais bien qu'elle essayait de cacher ses larmes. Ce matin-là, je l'ai embrassée et serrée dans mes bras certainement plus fort que les autres fois. Elle aussi me serrait fort, me disait de prendre soin de moi, de bien manger, de bien dormir, de l'appeler le plus souvent possible. J'ai bien vu qu'elle pleurait.

Et lorsque notre voiture s'est éloignée, je l'ai vue marcher, tête basse, avançant lentement sur le trottoir. J'avais l'impression qu'elle portait un sac de 500 kilos sur son dos. J'ai su après par ma grande sœur que maman n'avait pas arrêté de pleurer de toute la journée.

Assise à l'avant de la voiture, à côté de mon père qui conduisait, je m'interdisais de verser une larme parce que je savais que, s'il me voyait triste, mon père ne pourrait pas se retenir de pleurer.

Alors, les premiers kilomètres se sont enchaînés dans le plus grand silence, dans une atmosphère bercée par le ronronnement du moteur et par les légers reniflements que nous tentions de dissimuler.

Et puis mon père a mis de la musique, cette musique au rythme si atypique. A chaque morceau, on ressent cette douleur dans la voix lorsque les chanteurs roms expriment leur malheur. Chaque fois que j'entends cela, des frissons parcourent mon corps. Cette musique, ces chants roms, c'est fait pour le cœur, pas pour les oreilles.

J'avais comme une boule au ventre en quittant Bourg-en-Bresse, mais très vite et, comme d'habitude, papa a essayé de plaisanter, de rendre le voyage agréable. En revanche, il n'a pas pu s'empêcher de me faire des recommandations tout le long du trajet : faire attention à ne pas trop sortir la nuit, à bien fermer ma porte... Il s'inquiétait pour moi en pensant à ce qui peut arriver à une jeune fille, toute seule, dans un quartier populaire à Paris.

C'est la première fois que je quitte mes parents, que je vais habiter toute seule dans une grande ville, à plus de 400 kilomètres de chez eux, dans un monde inconnu pour moi et pour eux.

L'image qu'on m'a toujours projetée de Paris est celle d'une jungle, où je vais être livrée à moi-même. Il faudra que je me débrouille pour tout. Il faudra aussi que je me familiarise avec les transports en commun, ce fameux métro parisien, dont je n'entends pas que du bien, ces rames bondées, ces couloirs interminables où tout le monde est pressé.

« Tu feras bien attention ! » m'a répété mille fois mon papa.

Mes parents ont toujours été très protecteurs, mais là, j'ai l'impression que tout est décuplé. A bien y réfléchir, quel bonheur qu'il en soit ainsi ! J'ai une maman poule qui m'a toujours traitée comme une petite princesse. Et ce qui est valable pour moi l'est aussi pour mes sœurs. Elle a toujours su trouver les mots pour me guider dans ma vie, surtout dans les moments les plus durs. Je souhaite à tout le monde d'avoir une mère comme la mienne qui est là, au quotidien, pour les moments de joie, pour les moments de tristesse. Elle est ma carapace, l'enveloppe d'amour que l'on souhaite tous revêtir pour se protéger du mal.

Dans le cocon de la voiture, sur l'autoroute qui nous mène à la capitale, nous avons parlé en rom. Je ne sais pas pourquoi, mais, comme nous évoquions nos souvenirs, c'était une évidence. Papa, lui, évoquait ses espoirs pour l'avenir. Le fait que j'atteigne ce rêve que j'ai depuis toute petite et qu'ils ont nourri avec moi durant toutes ces années lui faisait dire uniquement des choses positives : « Tu verras, tu seras diplômée et tu intégreras l'Ecole de la magistrature », a-t-il répété maintes et maintes fois. C'est un grand rêve pour lui que de me voir réussir. Il s'est tant battu, il s'est tellement sacrifié pour nous.

Alors, lorsque nous sommes entrés dans Paris, qu'il a commencé à rouler sur les larges avenues, mon père a rajeuni de vingt ans. Lui qui a tant lu de livres sur l'histoire de France, lui qui aime les grands auteurs, il s'émerveillait dès qu'il voyait un nom de rue connue, chaque fois que l'on passait devant un monument ou un parc. « Regardez, les filles, c'est Notre-Dame ! »

Nous avions, grâce à un GPS, trouvé facilement notre route et surtout le quartier où j'allais habiter. Papa était déjà en train de repérer toutes les commodités à proximité de chez moi, la supérette, la boulangerie, la laverie.

Et quelle ne fut pas notre surprise en arrivant ! Jacqueline était là. Elle nous attendait à l'appartement après avoir récupéré mes clefs au CROUS. Sachant que maman ne pouvait pas venir, Jacqueline avait tout fait pour être là et jouer son rôle de seconde mère, comme elle l'a toujours fait depuis notre arrivée à Bourg.

Elle avait, en nous attendant, commencé à faire le ménage pour rendre le lieu plus accueillant. L'ancien locataire ne devait pas être une fée du logis ! Elle avait fait place nette, avait tout prévu, et elle nous a accueillis comme une mère aurait accueilli son enfant : avec sa chaleur et son sourire habituels. Elle m'a ensuite rassurée sur ma future vie parisienne. Elle sait de quoi elle parle : ses enfants sont également venus à Paris faire leurs études ou travailler. Sa fille Amélie n'avait que 18 ans quand elle est arrivée ici. Elle était donc plus jeune que moi et elle s'est débrouillée parfaitement.

Le samedi soir, nous avons été invités à dîner chez Alexis et Marie, sa compagne. Amélie et son mari Antoine, qui exerce la noble profession d'assistant social pour les Roms de Montreuil, étaient aussi présents. C'était bon de se retrouver. Nous avons parlé de tout et de rien, du passé, de notre parcours, de la Sorbonne. Et puis, en guise de bienvenue, Alexis nous a emmenés au Sacré-Cœur. Il faisait nuit, c'était magnifique. Tant de grandeur, tant de beauté, tant de prestige ! Nous étions émerveillés devant cette façade illuminée. Et puis, de là-haut, nous avons vu tout Paris, superbe. La basilique dans notre dos, nous avions l'impression de dominer les toits de la ville. Alexis nous montrait du doigt la tour Eiffel qui scintillait au loin…

Je ressentais de l'enthousiasme et de l'excitation. J'admirais les monuments, les rues, la place du Tertre et ses peintres. Nous n'arrivions pas à croire que nous étions dans ce lieu d'histoire. D'ailleurs, le soir, nous avons eu bien du mal à nous endormir. Papa ne cessait de dire : « Tu as vu ceci ? Tu as vu cela ! »

Le lendemain avaient lieu les journées du patrimoine. Mon père voulait visiter le Louvre, mais, quand il a vu que les portes de la Sorbonne étaient ouvertes, il a laissé tomber le projet. Il était fou de joie de pouvoir y entrer.

Nous y sommes allés en métro pour que je me familiarise avec ce qui est pour moi un nouveau mode de transport. Depuis une semaine, j'avais à plusieurs reprises préparé le trajet grâce à un site Internet.

Je connaissais par cœur le nom des stations, je savais exactement à quel endroit il fallait changer de ligne. J'avais, en plus, pris un plan pour être sûre de ne pas me tromper.

Mais ce que je n'avais pas prévu et ce qui n'était pas indiqué dans mes recherches, ce sont les centaines de mètres de couloirs souterrains qu'il faut emprunter, les escaliers qu'il faut descendre, puis remonter pour prendre le métro. J'avais mal pour mon père qui, je le voyais, grimaçait un peu plus au fil des minutes.

Et puis il y a une chose aussi qu'on ne m'avait pas expliquée au sujet du métro : c'est cette odeur si particulière qui y règne. Je ne saurais pas la décrire, mais l'air y est bien moins pur que dans les Alpes !

Après une heure de trajet, nous avons débouché sur la place du Panthéon, où nous avons passé un bon bout de temps à admirer la beauté de l'édifice, à nous prendre en photo avec le téléphone de Maria pour qu'elle envoie le cliché à maman.

Effectivement, deux minutes après, elle nous a appelés.

— C'est là que tu vas faire tes études ?

— Non, maman, c'est à côté du Panthéon, mais

nous t'enverrons d'autres photos dès que nous y serons, si on arrive à y entrer. Il y a au moins 100 mètres de file d'attente.

A l'intérieur de la Sorbonne, tout était grandiose : les grands escaliers aux rampes ouvragées, les plafonds aux boiseries sculptées et rehaussées d'or, les statues de Pascal, Descartes ou Richelieu, le grand amphithéâtre réservé aux discours officiels et aux cérémonies solennelles, avec l'immense fresque du *Bois sacré* qui représente les symboles des lettres, des sciences et des arts. Mon père s'arrêtait longuement devant chaque œuvre d'art et reconnaissait les personnages, mythologiques ou historiques, comme Homère ou Archimède. Nous étions submergés par l'émotion dans ce lieu de savoir, où l'empreinte de tous ces grands hommes est perceptible.

Cela m'a aussi et brusquement mis beaucoup de pression sur les épaules. Il me faudrait prouver que je mérite cette place.

Et puis il y a énormément de gens qui attendent de moi que je réussisse, qui mettent leur espérance en moi. C'est un stress et une responsabilité supplémentaires qui viennent amplifier mes sentiments.

Le dimanche en fin d'après-midi et avant de partir, mon père m'a fait ses ultimes recommandations et est monté dans sa voiture, très rapidement, trop rapidement, après m'avoir serrée une dernière fois dans ses bras, comme s'il m'abandonnait.

C'était tout le contraire. Il partait le cœur brisé de me laisser ainsi, de ne pouvoir m'accompagner encore, lundi matin. Mais son état de santé ne le lui permettait pas. Une dialyse l'attendait le lendemain matin à 8 h. Il fallait absolument qu'il rentre à Bourg-en-Bresse.

D'après ma sœur, les premiers kilomètres du retour ont été difficiles. Il avait, m'a-t-elle dit, un voile devant les yeux lorsqu'il s'est engagé sur le boulevard périphérique.

Moi, en cette fin de week-end, je me suis retrouvée seule dans mon appartement, triste et un peu stressée. J'ai rangé les affaires que j'avais déjà rangées la veille, j'ai vérifié dix fois si j'avais bien tous mes papiers pour la rentrée, mon cœur battait à cent à l'heure. J'ai alors appelé maman, qui m'a réconfortée. Puis, plus tard, j'ai eu mon père et ma sœur aussi au téléphone. Ils étaient bien arrivés. Et eux aussi m'ont réconfortée.

Il était tard, très tard. Je ne trouvais pas le sommeil. Tout cela arrive tellement vite dans ma vie.

J'ai toujours eu peur de trop rêver. Je préfère voir les choses arriver concrètement. J'ai peur d'être trop déçue si elles ne se réalisent pas. Ne pas pouvoir intégrer l'Ecole nationale de la magistrature serait pour moi comme si une poupée se brisait en mille morceaux et qu'on ne puisse pas les recoller.

Avant mon inscription à la Sorbonne, je n'osais même pas me projeter dans ce rêve de devenir magistrate. Aujourd'hui, je me dis que, si je fais preuve de beaucoup d'opiniâtreté, de ténacité et de courage, j'y arriverai. Ce sera ma façon de dire à la terre entière qu'une petite fille rom peut avoir des rêves… et les réaliser.

Toute la nuit, j'ai ressassé cette idée et j'ai peu dormi.

A 6 heures du matin en ce lundi 17 septembre 2012, je n'ai rien pu avaler, contrairement aux recommandations de mes parents la veille. J'ai pris le bus, puis le métro. Il y avait foule, et pourtant, nous étions aux aurores.

J'ai compris d'un seul coup ce qu'était l'atmosphère parisienne et je me suis dit : « Ça y est, j'y suis ! » Autour de moi, tout le monde marchait vite, tête baissée.

Ma destination était la station Saint-Michel, puis la place de la Sorbonne. Je me suis présentée là où j'étais convoquée, au 12, rue Cujas, devant l'amphi Gestion. Je n'étais pas en retard : il était 7 h 30. Je voulais entrer, mais on m'a dit que les portes étaient fermées pour l'instant, qu'elles n'ouvraient qu'à 8 heures.

Dans la fraîcheur matinale et alors que d'autres étudiants commençaient à arriver devant la porte close, j'ai repensé à mon parcours, à ce long chemin qui m'a amenée jusqu'ici. Je suis aussi persuadée qu'aujourd'hui, c'est un nouveau départ, le plus important. Je perçois presque la fin du tunnel !

Je sais que cette année va être très difficile, qu'il y a une possibilité que j'échoue. Rien n'est acquis ; j'ai pleinement conscience des efforts que j'ai à fournir. Personne n'est à l'abri d'un échec. J'essaie de ne pas y penser ; je ne suis pas défaitiste, car cela réduit les chances de réussite. Ce qui m'effraye encore plus, ce sont les difficultés extrêmes que représente le Concours d'entrée à l'ENM. Je suis simplement très anxieuse, sans doute la plus anxieuse de toutes les personnes candidates. Mais j'essaie de garder mon optimisme.

Cet optimisme est en moi, et je l'ai finalement toujours eu. Aujourd'hui, je ne regrette pas d'avoir oublié mon beau cartable d'enfant à Craiova.

Je ne remercierai jamais assez mes parents de m'avoir fait quitter mon pays et de m'avoir permis de construire mon avenir ici, en France. Même si nous avons vécu des moments difficiles, que je veux aujourd'hui rayer de ma mémoire, je sais que je ne peux pas les occulter. Ils sont en moi.

Alors, je vous en supplie, quand demain, dans la rue, vous croiserez une dame au dos courbé, affichette en carton sur les genoux, quand vous verrez qu'assise à côté d'elle, il y a une petite fille aux longs cheveux noirs, ne la jugez pas, ne l'insultez pas, ne la frappez pas.

J'ai vécu cela, j'en suis marquée à vie. Mais aujourd'hui, devant moi, c'est la porte de la Sorbonne qui vient de s'ouvrir.

Remerciements

Ce livre est dédié à mes parents, à mes trois sœurs, Anita, Maria et Marie-Amélie, et à mon frère Cristi.
Mais je ne pourrais oublier la famille La Fontaine, Marie-Claude et Armand Gimet, ces personnes au cœur d'or que Dieu a placées sur notre chemin et sans qui nous ne serions sans doute pas là aujourd'hui.
Elles sont devenues pour nous une seconde famille.
Bien sûr, ce récit, je le dédie aussi à l'ensemble de ma famille, mes proches, mes amis, Maïté, à toutes les personnes qui se reconnaîtront dans ces pages, mais enfin et surtout à tous ceux à qui mon histoire aura ouvert les yeux, le cœur et l'esprit…

Enfin, j'adresse un remerciement particulier à Marie-Véronique Moignard pour son aide précieuse.

Chez le même éditeur

Quand j'étais invisible

Martin Pistorius

A douze ans, Martin tombe inexplicablement malade. Il devient muet, en fauteuil roulant, et incapable du moindre mouvement. Les médecins affirment bientôt que son cerveau est définitivement détruit. En réalité, ce que personne ne sait, c'est que si le corps de Martin est insensible, son esprit, lui, fonctionne parfaitement.

Littéralement prisonnier, il ne peut même pas cligner des yeux pour se manifester. Le pire, c'est que les infirmières le traitent désormais comme une chose, au point de lui faire subir des abus inimaginables… Jusqu'au jour où, après onze années de cauchemar, un thérapeute entrevoit de la vie chez Martin.

Peu à peu, le jeune homme se « réveille » à la vie. Un formidable combat, une extraordinaire renaissance. Martin recommence à marcher, parler et finit même par se marier. Avant de raconter son histoire.

Le témoignage bouleversant d'un enfant prisonnier dans son corps.

ISBN : 978-2-8246-0246-2

Chez le même éditeur

Je pleurais en silence

Joe Peters

Joe n'a que cinq ans lorsque son père qu'il adore meurt dans un incendie, devant ses yeux. Un spectacle tellement traumatisant que le petit garçon devient muet.

Sans défense, il est désormais à la merci d'une mère violente et du reste de sa famille. Incapable de demander de l'aide à quiconque, la vie de Joe se transforme en enfer : violé par son nouveau beau-père, il est battu et enfermé pendant des années dans la cave où on le nourrit de déchets.

Mais le pire est encore à venir. Pendant de longues années, son beau-père « donne » Joe à d'autres, pour qu'ils en disposent selon leur bon vouloir. Jusqu'au jour où, à l'âge de quatorze ans, Joe trouve enfin la force de s'enfuir.

Le récit d'une enfance dévastée par la violence des adultes. Une magnifique histoire de survie.

ISBN : 978-2-35288-0257-8